THÈSE
POUR LE DOCTORAT.

L'acte public sur les matières ci-après sera soutenu,
le jeudi 17 janvier 1861, à une heure,

Par Bernard-Gabriel BENOIT-CHAMPY,

né à Paris.

Président : M. BUGNET, Professeur.

SUFFRAGANTS :
MM. PELLAT,
ORTOLAN,
COLMET-DAAGE,
BUFNOIR,

Professeurs.

Agrégé.

*Le Candidat répondra en outre aux questions qui lui seront
faites sur les autres matières de l'enseignement.*

PARIS,

CHARLES DE MOURGUES FRÈRES, SUCCESSEURS DE VINCHON,

IMPRIMEURS DE LA FACULTÉ DE DROIT,

Rue J.-J. Rousseau, 8.

1861.

A MON PÈRE.

DU DAMNUM INJURIA DATUM

ET

DE LA LOI AQUILIA.

D'après notre législation française, le délit civil est un fait illicite, causant du dommage à autrui et commis avec intention de nuire. Le quasi-délit est un fait illicite, causant du dommage à autrui, et commis sans intention de nuire. Délit est donc synonyme de dol ; quasi-délit, synonyme de simple faute.

En droit romain, le point de vue n'est pas le même ; le délit est un fait illicite, considéré comme tel par le droit civil primitif. Peu importe que le délinquant ait agi dans une intention frauduleuse, ou qu'il se soit rendu coupable d'une simple faute.

En matière de délit, le droit civil primitif a procédé, comme en matière de contrat, en dressant et fermant d'une manière irrévocable la liste des faits illicites, auxquels il conférait le caractère de délit. Maintenant, en dehors de cette liste, il y a une foule de faits illicites, causant du dommage à autrui et qui n'ont jamais reçu de définition commune. On se contentait de dire qu'ils produisaient des obligations ayant le même effet que si elles naissaient des délits, *quasi ex delicto*.

La circonstance du dol ou de la simple faute est encore ici tout à fait indifférente. Ainsi, le fait du juge qui, par une prévarication, fait le procès sien, n'est pas un délit, mais l'obligation qui incombe au juge a les mêmes conséquences que si elles naissaient d'un délit véritable.

Le caractère du délit n'a été attaché par le droit civil primitif qu'à quatre faits qui sont : 1° le *furtum*, 2° le rapt par violence, 3° le *damnum injuria datum*, 4° l'*injuria* ou l'outrage.

Les trois premiers ont ce caractère commun, qu'ils portent atteinte à la fortune d'autrui. Les deux premiers impliquent l'idée de détournement, sans impliquer celle de dégradation matérielle ; le troisième implique l'idée de dégradation matérielle, du moins en règle générale, sans impliquer celle de détournement.

C'est le *damnum injuria datum* que nous avons pris pour sujet de cette étude. C'était un délit prévu et puni par la loi *Aquilia*, plébiscite porté en l'an de Rome 528, sur la proposition du *tribun Aquilius*, qui est venu abroger toutes les lois antérieures.

Il faut voir : 1° ce qui constitue le *damnum injuria datum* ; 2° comment on le punit.

PREMIÈRE PARTIE.

Caractères constitutifs du damnum injuria datum.

Le *damnum injuria datum* implique, avons-nous dit, l'idée de destruction ou de dégradation matérielle. Cela n'est point toujours vrai. La loi Aquilia se composait de trois chefs : le premier et le dernier traitaient seuls de destruction et de dégradation matérielle

Le second, qui était tombé en désuétude du temps de Justinien et qui nous a été relevé par les Commentaires de Gaius, traitait de toute autre chose. Il s'agissait d'un *adstipulator* qui libère le débiteur par une *acceptilatio* et porte ainsi préjudice au stipulant. La réparation de ce préjudice pouvait être poursuivie à l'aide de l'*actio mandati directa*, mais l'*actio legis Aquiliæ* présentait cet avantage, que le stipulant avait la chance de faire condamner au double l'*adstipulator*, si celui-ci niait. Nous laisserons désormais ce cas de côté, pour ne nous occuper que du premier et du troisième chef de la loi Aquilia.

Les caractères constitutifs du *dammum injuria datum*, à envisager sous ce point de vue, sont *une destruction ou une dégradation matérielle, un dommage causé à autrui, l'absence de droit chez le délinquant, une faute à lui reprocher, enfin une participation matérielle et directe de sa personne à la perpétration du délit.*

Destruction, dégradation matérielles : le premier chef de la loi Aquilia prévoit l'homicide d'un esclave ou la mort d'un animal appartenant à autrui, pourvu qu'il s'agisse de l'un de ces animaux qui constituent des pecudes, peu importe la manière dont le meurtre a été commis et l'arme dont s'est servi le délinquant. Peu importe aussi que l'esclave ou l'animal soit mort de suite ou par ses blessures, pourvu qu'on ne puisse pas attribuer la mort à une circonstance étrangère, telle que l'ignorance du médecin ou la négligence du maître.

Dans le troisième chef, il est question de toutes autres destructions ou dégradations matérielles. C'est en vertu de ce troisième chef que sont punies les simples blessures faites aux esclaves ou aux pecudes, la mort donnée aux autres animaux, enfin, toute destruction et dégradation d'autres objets, qui consiste à bruler (urere), à briser, (frangere), et enfin *rumpere.* Cette expression est synonyme de *cor-rumpere;* elle est générale et embrasse les deux précédentes et toutes les destructions et dégradations que celles-ci ne contiennent pas.

La combinaison du premier et du troisième chef avait présenté des difficultés, dans le cas où un esclave blessé à mort avait reçu une seconde blessure qui l'avait tué immédiatement. Dans cette hypothèse, Julien pensait que les deux délinquants étaient responsables en vertu du premier chef ; il fallait nécessairement, disait-il, adopter ce parti ou bien décider que ni l'un ni l'autre n'étaient tenus, ou qu'un seul des deux l'était. Pour les affranchir tous les deux d'une responsabilité quelconque, on aurait pu dire qu'aucun des deux n'a donné la mort à l'esclave ; en effet, celui-ci aurait péri sans la seconde blessure et il eût également péri, sans la première. Pour appliquer la loi Aquilia à un seul, il aurait fallu pouvoir discerner quel est celui qui a donné la mort, et cela est impossible. Mais ces deux raisonnements sont fondés sur la subtilité du droit et Julien invoque contre eux l'utilité pratique : « multa autem jure civili contra rationem dis- « putandi pro utilitate communi recepta esse « immuneralibus rebus probari potest (L. 51, « Dig., *ad legem Aquiliam*). » La doctrine de ce jurisconsulte n'avait pas prévalu.

Celse et Ulpien décidaient que les deux délinquants devaient répondre de leur délit, mais que le premier devait en répondre en vertu du troisième chef de la loi Aquilia et le second, en vertu du premier chef. Cette jurisprudence pouvait, elle aussi, se fonder sur l'utilité pratique.

Du moment que l'esclave a succombé à une seconde blessure, il peut y avoir difficulté à reconnaître qu'il eût également succombé à la première. Cela, du reste, avait été généralisé, et celui qui avait fait à un esclave une blessure mortelle était tenu envers le premier chef de la loi, lorsqu'une circonstance étrangère quelconque avait amené une mort plus prompte. La doctrine généralisée est rapportée par Ulpien, dans la loi 15 § 1, *ad legem Aquiliam.*

Le jurisconsulte prévoit deux hypothèses : 1° celle où l'esclave blessé à mort a péri plutôt dans un accident, telle qu'une ruine ou un naufrage ; 2° celle où il est mort de sa blessure, après avoir été affranchi ou aliéné. Il décide que dans le premier cas, le délinquant est responsable en vertu du troisième chef, et en vertu du premier, dans le second cas. Seulement, il semble attribuer à Julien la première décision comme la seconde. Il faudrait alors admettre que Julien avait changé d'avis, ou qu'Ulpien ne rapporte l'opinion de Julien que dans la seconde hypothèse.

Le premier et le troisième chef de la loi Aquilia sont tout à fait étrangers à certains faits tels que : la récolte des fruits après maturité, le mélange d'une substance étrangère qui rend la séparation difficile, le fait qui prive le propriétaire de sa chose sans la détériorer, enfin, la consommation d'une chose qui est destinée à être consommée.

1° *Récolte des fruits après maturité.* — Un tiers récolte des fruits avant la maturité ; il y a là une détérioration matérielle qui tombe sous l'application du troisième chef. Si la récolte a eu lieu après que les fruits sont arrivés à maturité, il n'y a là ni destruction, ni détérioration matérielle, à moins qu'après avoir séparé les fruits du sol, l'auteur du fait ne les détruise (loi 27, § 25, 26, 27, *ad legem Aquiliam*).

2° *Mélange d'une substance étrangère à la substance d'autrui, de telle sorte que la séparation des deux substances devienne difficile.* — Je jette de l'ivraie ou de la folle avoine au milieu de la moisson d'autrui, cette moisson ne subit aucun changement matériel, et il n'y a pas lieu à l'application de la loi Aquilia (L. 27, § 11, *eodem*).

3° *Fait qui prive le propriétaire de sa chose*

sans la détériorer. — Je secoue la main de quelqu'un pour en faire tomber des pièces de monnaie. Si elles tombent dans un endroit tel qu'elles soient perdues pour tout le monde, il y a là un dommage matériel, prévu et puni par le troisième chef de notre loi. Mais ce troisième chef est étranger au cas, où l'auteur du fait a eu pour but de favoriser un *furtum* (L. 27, § 21, *eodem*).

4° *Consommation d'une chose qui est destinée à être consommée.* — Une personne consomme des denrées appartenant à autrui, c'est encore là un fait qui ne rentre pas dans les dispositions de la loi (loi 30, § 2, *eodem*).

Nous ne voulons pas dire que dans les cas précédents le fait dont il s'agit reste impuni, nous voulons dire seulement qu'il y a d'autres moyens de sanction.

Idée de dommage. — Pour qu'il y ait lieu à l'application de la loi Aquilia, il faut que le changement matériel apporté à la chose d'autrui ait pour conséquence un dommage susceptible d'appréciation pécuniaire.

Nous disons d'abord qu'il doit y avoir dommage. Ainsi, ne tomberait pas sous l'application de la loi pénale la castration d'un esclave, si cette mutilation lui a donné une valeur plus grande comme chanteur (L. 27, § 28, *eodem*). La démolition d'un mur destiné à être démoli (argument tiré de la loi 45, § 5, *eodem*). La destruction par le stipulant du corps certain, dû par le promettant, commise après la *mora* : le créancier n'a, en ce cas, fait du tort qu'à lui-même ; si ce fait avait été accompli avant la *mora*, ce serait différent, le créancier aurait alors causé un *damnum* au débiteur, en le privant de l'usage de la chose pendant tout le temps qui lui était laissé pour l'exécution de son engagement (loi 54, *eodem*). De même, l'anéantissement d'un *chirographum* constatant une dette conditionnelle ne constitue pas un *damnum injuria datum*, si la condition ne se réalise pas (loi 40, *eodem*).

Nous avons ajouté que le dommage devait être susceptible d'une estimation pécuniaire. N'est pas susceptible d'une pareille estimation, le fait de lire en présence de plusieurs personnes un testament déposé chez nous ; il peut y avoir là un dommage moral, étranger aux dispositions de la loi Aquilia (loi 41, *eodem*). La destruction du testament a le même caractère en ce qui touche le testateur, le dommage seul causé au légataire ou à l'héritier peut être estimé en argent (loi 41, *eodem*).

Absence de droit chez le délinquant.

Cette condition est exprimée par le mot *inju-*

ria dans les expressions qui servent à caractériser le délit : *damnum injuria datum*. Le mot *injuria* est pris dans une double acception ; il peut signifier un outrage, et alors il exprime un délit spécial, ou bien il signifie absence de droit (*in jus*), et c'est le sens que lui donne la loi Aquilia (lois 3 et 5, § 1, *eodem*).

Les textes confondent l'absence de droit avec la faute : « Sed quod non jure factum est, hoc « est contra jus, id est, si culpa quis occide- « rit. » Ce n'est pas là un point de vue tout à fait exact ; l'absence de droit n'implique pas nécessairement l'existence de la faute. Ainsi, le fou qui cause un dommage n'a pas le droit de le causer, et cependant il n'y a chez celui-ci aucune culpabilité ; c'est sous le bénéfice de cette observation que nous allons exposer les idées romaines sur le point particulier qui nous occupe, en recherchant : 1° quelles sont les circonstances qui constituent en faute l'auteur d'un fait ; 2° quelles sont celles qui sont exclusives de toute idée de culpabilité.

I. CIRCONSTANCES CONSTITUTIVES DE LA CULPABILITÉ.

Toutes les circonstances à l'énumération desquelles nous allons procéder sont dominées par cette idée générale, que la faute Aquilienne consiste toujours dans un fait actif *in committendo*, et qu'elle s'apprécie toujours *in abstracto*. A ce double point de vue, la faute Aquilienne diffère de celle dont la responsabilité est imposée à la personne qui viole une obligation résultant d'un contrat, ou d'un fait assimilé à un contrat, du moins quand l'action dont le créancier se trouve investi est une action *bonæ fidei*. Alors, en effet, le débiteur est responsable non-seulement de ces faits, mais encore de ses omissions, en d'autres termes, de la faute *in omittendo* comme de la faute *in committendo*. De plus, il est tenu, tantôt de la faute lourde, voisine du dol, et de celle-là seulement, tantôt de la faute légère, appréciée quelquefois *in abstracto*, d'autres fois *in concreto*, suivant des distinctions que nous n'avons pas à exposer ici.

Le caractère de la faute Aquilienne, quant à la manière de l'apprécier, est exprimée ainsi par Ulpien : « In lege Aquilia et levissima culpa « venit » (loi 44, *eodem*).

Voici maintenant les circonstances constitutives de la *culpa*, lorsqu'il s'agit de faire l'application de la loi Aquilia. Ces circonstances sont :

1° *Le défaut de prévoyance.*—Je mets le feu à des buissons, un jour de vent, ou sans prendre aucune précaution; l'incendie gagne, en se propageant, la moisson du voisin; j'aurais dû prévoir cette conséquence (loi du 30 , § 3, *eodem*). Un ouvrier travaillant sur un échafaudage jette, de là, quelque chose dans la rue sans avertissement préalable et tue ou blesse un passant, il est responsable de ce défaut de prévoyance (loi du 31, *eodem*). Un barbier vient sans nécessité raser son client dans le voisinage d'un jeu de paume, la paume vient le frapper à la main et il blesse sa pratique; il est responsable (loi du 11, *eodem*).

Un homme creuse des fosses dans un endroit où l'on passe, pour prendre des ours ou des cerfs; un passant tombe et se blesse, la loi Aquilia s'applique (loi du 28, *eodem*);

2° *Le choix d'employés incapables ou mal-intentionnés.* — Des esclaves employés par un fermier mettent le feu à la ferme, le fermier pourra se soustraire à toutes condamnations en faisant l'abandon noxal, pourvu qu'il soit lui-même exempt de faute; autrement, il serait soumis à une responsabilité personnelle et il y aurait faute de sa part dans le mauvais choix qu'il aurait fait de ses employés.

3° *Un acte illicite, bien qu'on l'ait accompli sans intention de nuire.* — Je tends des lacets dans un lieu où je n'ai pas le droit de le faire, et le troupeau du voisin vient s'y prendre. Je lance le javelot dans un endroit qui n'est pas destiné à

cet exercice; dans ces deux cas, la faute Aquilienne est commise (loi 9, § 4, loi 10, *eodem*).

*4° Une entreprise tentée sans avoir, soit la force,
soit la capacité de la mener à bonne fin.* — Le médecin qui tue un esclave ou qui le blesse par
inhabilité ou qui, après avoir habilement prati-
qué une opération chirurgicale, abandonne le
malade (loi 7, § 8, et loi 8); l'ouvrier qui par
impéritie, brise l'objet qu'on lui a donné à fa-
çonner; celui qui rejette un fardeau trop lourd,
et qui écrase l'esclave d'autrui; le pilote qui
imprime au navire une marche trop rapide,
et qui heurte en le brisant un autre navire
(loi 29, § 4, *eodem*); le constructeur, qui par
un arrangement maladroit des pierres, cause
la chute de l'une d'elles (loi 27, § 33, *eodem*); le
muletier qui ne sait ou ne peut retenir l'im-
pétuosité de ses mules, ou le cavalier celle de
son cheval (loi 8, § 1); tous ces gens sont, en
vertu de la loi Aquilia, responsables du dommage qu'ils causent à autrui.

Toutes ces hypothèses prévues par les jurisconsultes sont couronnées par l'espèce suivante, dans laquelle sont engagées des questions complexes.

Deux charriots attelés de mules montaient
au Capitole, l'un à la suite de l'autre; les muletiers qui conduisaient le premier char pous-
saient le véhicule par derrière pour soulager

l'attelage; à un moment donné, le premier
charriot s'arrêta et les muletiers, qui se trouvaient entre les deux chars, s'étant brusquement retirés, le premier entraîne l'autre dans
son mouvement de recul et les deux voitures
écrasent un jeune esclave qui passait. Le maître
voulait savoir sur qui devait peser la responsabilité de l'accident tout en la circonscrivant
au premier attelage? Si la charge était raison-
nable, et que la retraite des muletiers ait été
spontannée, ce sont ces derniers qui sont en
faute. Si ce sont les mules qui ont été effrayées,
et que les muletiers aient abandonné l'attelage
pour ne pas être écrasés, c'est au propriétaire
des mules qu'il faut s'en prendre; mais la
charge était-elle trop lourde, ce sont ceux qui
ont opéré le chargement qui doivent être
poursuivis (loi 52, § 2, *eodem*).

5° *Une mauvaise administration lors même qu'il
n'y aurait pas impéritie.* — Un maître mécon-
tent de son apprenti le frappe à la tête et lui
crève un œil; il a excédé les limites du droit
de correction, *levis castigatio;* il a causé un
dommage par sa faute (loi 5, § 3, *eodem*).

II. CIRCONSTANCES EXCLUSIVES DE L'IDÉE DE
CULPABILITÉ.

Ces circonstances sont :

1° *Le cas fortuit, qu'il était impossible de prévoir* (loi 52, § 4, loi 57).

2° *L'absence des facultés mentales.* — Uu fou n'est pas responsable du dommage qu'il cause. Demande-t-on compte à la tuile qui tombe du préjudice qu'elle cause (loi 5, § 2)?

3° *L'âge.* — Ni l'*infans*, ni l'*infantiæ proximus* ne sont responsables, mais l'impubère *pubertati proximus* est tenu de la faute Aquilienne comme il est passible de l'action *furti* (loi 5, § 2).

4° *La disposition de la loi, qui permet de causer le damnum.* — Cela se présente dans trois circonstances : dans le cas de légitime défense, dans celui d'adultère, et dans celui d'une lutte permise. La règle générale qui permet la légitime défense se trouve formulée dans les deux textes suivants : *Nemo damnum facit, nisi qui id fecit, quod facere jus non habet* (loi 151, *De regulis juris*). *Qui cum aliter tueri se non possunt, damni culpam dederint, innoxii sunt: vim enim vi defendere omnes leges omniaque jura permittunt* (loi 45, § 4, *ad legem Aquiliam*).

En ce qui touche les applications particulières :

Il m'est permis de tuer l'esclave d'autrui, qui attente à ma vie (loi 4).

La loi des Douze Tables m'autorise à tuer le voleur de nuit ; mais n'y a-t-il pas d'autres conditions exigées ? Il faut distinguer entre la culpabilité pénale, celle qui est poursuivie en vertu de l'action publique devant les *quæs-*

tiones perpetuæ et la culpabilité civile, celle qui est poursuivie par l'action privée devant un *judex*. La circonstance de nuit est exclusive de toute responsabilité pénale, en tant qu'il s'agirait de demander contre moi l'application de la loi Cornélia *de Sicariis*, mais j'encours la responsabilité civile si je n'ai pas appelé au secours. La raison en est qu'au point de vue de la loi Aquilia, je dois subir les conséquences de la *culpa* même *levissima*. Le secours invoqué aurait pu éviter l'homicide. Quant au voleur de jour, je puis le tuer, mais à la double condition qu'il portera une arme pour se défendre et que j'appellerai au secours (loi 4, § 1, ad leg. Aquil.). Dans notre droit pénal proprement dit, nous faisons aussi, en matière de légitime défense, une distinction entre la circonstance du jour ou de la nuit. Ainsi, le meurtre, les blessures et les coups sont simplement excusables, s'ils ont eu pour but de repousser, pendant le jour, l'escalade ou l'effraction des clôtures, murs ou entrée d'une maison, d'un appartement habité ou de leurs dépendances (art. 322, C. P.). Mais l'homicide commis, les blessures faites ou les coups portés sont compris dans les cas de légitime défense, s'ils ont eu pour but de repousser, pendant la nuit, l'escalade ou l'effraction dont il vient d'être parlé (art. 329, C. P.).

Revenons au droit romain. Nous observons, toujours au point de vue de l'application de la loi Aquilia, que si nous donnons la mort à l'esclave d'autrui, quand nous l'avons surpris emportant dans sa fuite des objets qu'il nous a volés, nous ne serons pas considérés comme étant en état de légitime défense, s'il ne nous a frappés le premier (loi 52, § 1er). Même, la légitime défense nous laissera sous le coup d'une responsabilité civile, si, voulant, pour nous protéger, infliger un mal à celui qui nous attaque, nous l'infligeons par maladresse à un tiers innocent (loi 45, § 4).

A l'égard du cas d'adultère, nous pouvons donner la mort à l'esclave d'autrui que nous surprenons en flagrant délit (loi 30).

La conception du droit français, dans cette hypothèse, soit au point de vue de la responsabilité pénale, soit à celui de la responsabilité civile, est bien supérieure. Une fois que le mal dont nous sommes victimes a été acccompli, il ne nous est pas permis de réagir contre lui par passion et dans un esprit de vengeance. La loi nous déclare seulement excusables (article 324, C. P.), c'est-à-dire que nous sommes coupables, quoique dans un degré inférieur.

Enfin, lorsqu'un ingénu est tué ou blessé dans une lutte publique autorisée, son adversaire est exempt de faute. Il n'a pas causé le dommage pour le causer; il a voulu acquérir de la gloire et exercer son courage; mais si la mort a été donnée ou la blessure faite, non pendant le combat, mais après la victoire; comme il y a lâcheté à frapper un ennemi vaincu, les dispositions de la loi Aquilia reprennent leur empire (loi 7, § 4).

6° *La contrainte.* — Je ne suis pas soumis à la réparation d'un dommage que j'ai causé sous l'empire d'une contrainte à laquelle je n'ai pu résister. Pour empêcher l'incendie d'une maison voisine de dévorer la mienne, j'abats les constructions environnantes, il n'y a aucune faute à me reprocher. Cela est absolument vrai si le feu a déjà gagné ma maison; dans le cas contraire, il faudra distinguer; s'il y avait probabilité de danger pour moi, je ne serais pas responsable (loi 29, § 3, *ad legem Aquil.*). Mais si j'ai agi poussé par une crainte chimérique, je ne dois pas faire supporter à autrui les conséquences de ma pusillanimité (loi 7, § 4, *quod vi aut clam.*).

De même, si je puis écarter le dommage de ma propre chose, en employant des moyens inoffensifs, je suis coupable d'en avoir employé d'autres (loi 39, princip., § 1). Enfin, si je pouvais avoir recours à l'autorité du magistrat, et que je ne l'aie pas fait, je serais responsable pour m'être fait justice à moi-même,

Une distinction avait été pourtant introduite à cet égard par un rescrit de Sévère. Cet empereur avait distingué entre le cas où j'ai agi sur le fonds d'autrui et celui où j'ai agi sur mon propre fonds. J'avais établi une saillie sur votre héritage, et cela sans aucune espèce de droit; vous l'avez démolie, vous avez commis un *damnum injuria datum*; vous auriez dû m'appeler *in jus* et vous faire délivrer par le préteur la formule de l'action négatoire. Mais si, n'ayant aucune servitude sur votre fonds, j'y fais passer un aqueduc, vous pouvez le détruire de votre autorité.

PARTICIPATION MATÉRIELLE ET DIRECTE DE L'AUTEUR A LA PERPÉTRATION DU DÉLIT.

Lorsqu'on veut exprimer la participation matérielle et directe de l'auteur du délit, on dit que le *damnum* doit être causé *corpori corpore*. En d'autres termes, il doit y avoir une lésion matérielle produite directement et immédiatement par le délinquant lui-même : 1° le *damnum* doit avoir été causé *corpori*. Nous avons déjà rencontré des cas où cette circonstance ne se trouvait pas.

Celui qui récolte des fruits après leur maturité, ou qui mêle à ma propre substance une substance étrangère, de nature à déprécier la mienne, sans lui faire subir d'altération matérielle ; celui qui fait tomber de la main d'un autre des pièces de monnaie emportées par un voleur, ceux-là ne commettent pas de *damnum* caractérisé ; il faut placer sur la même ligne celui qui trouvant l'esclave d'autrui attaché au pied d'un arbre, le délie et lui fait prendre la fuite ;

2° Le dommage doit avoir été causé *corpore*.

Cela veut dire que l'auteur du fait doit avoir été la cause directe et immédiate du *damnum* ; s'il n'en a fourni que l'occasion (*causam præstitit*), il se trouve en dehors de tous les chefs de la loi Aquilia.

Les moyens simplement occasionnels qu'on rencontre dans les textes sont :

Les armes fournies à quelqu'un pour qu'il se donne la mort ; le poison qu'on lui donne pour se l'administrer lui-même (loi 7, § 6); les médicaments nuisibles simplement offerts par une personne à une autre (loi 9); la faim qu'on fait subir à un esclave ou à un troupeau (loi 9, § 2); la simple assistance prêtée au délit par une personne qui n'y participe pas matériellement (loi 11, § 1); le fait de pousser une personne sur une autre (loi 7, § 3); le fait d'exciter la rage d'un animal nuisible, peu importe qu'on le tienne ou non, malgré les distinctions pro-

posées à cet égard (loi 11, § 5); le fait d'effa-
roucher un cheval, de manière à jeter par
terre le cavalier; le fait d'amener un esclave
dans un piége, pour qu'il soit tué par un autre
(loi 9, § 3); celui de couper le câble qui re-
tient un navire (loi 29, § 5); celui de faire de
la fumée et de mettre en fuite ou de tuer les
abeilles d'autrui (loi 49); de rassembler des
bœufs dans un lieu étroit, et de les déterminer ainsi à se précipiter les uns sur les autres
(loi 53); d'entasser du sable contre le mur du
voisin, de telle sorte que ce sable détrempé par
les pluies, pourrisse le mur, et que l'édifice
s'écroule (loi 57, *locati*); de ne pas boucher
un récipient rempli de vin avec assez de
soin, pour que des fentes ne se forment pas
et ne laissent pas échapper le liquide (loi 27);
d'entretenir un four près du mur du voisin
(loi 27, § 10); de préposer à la garde d'un
four un esclave, qui s'endort par négligence,
de telle façon que le feu prend à la ferme
(loi 27, § 9); d'envoyer son troupeau dans
les pâturages d'autrui (loi 6, Code, *ad legem
Aquiliam*).

DEUXIÈME PARTIE.

Comment on punit le *damnum injuria datum*.

Il faut distinguer entre le *damnum injuria datum* proprement dit, qui est directement prévu par la loi Aquilia, et celui qui ne rentre pas dans les prévisions de cette loi.

I.

Damnum injuria datum proprement dit.

Il faut déterminer en quoi consiste la répression, ensuite à l'aide de quels moyens elle est obtenue.

Détermination de la répression.

Le premier chef de la loi Aquilia était ainsi

concu : « Qui servum servamve, alienum alie-
« namve, quadrupedem vel pecudem inju-
« ria occiderit, quanti id in eo anno plurimi
« fuit, tantum æs dare domino damnas esto
« (loi 2). »

Le troisième chef portait : « Cæterarum re-
« rum præter hominem et pecudem occisos, si
« quis alteri damnum faxit, quod usserit,
« fregerit, ruperit injuria, quanti ea res erit
« in diebus triginta proximis, tantum æs do-
« mino dare damnas esto (loi 27, § 5). »

Le *quanti ea res erit* a désigné, à l'origine,
la valeur vénale de la chose; on n'a jamais
tenu compte de la valeur d'affection (loi 33,
Dig., *ad legem Aquiliam*). Ensuite la jurisprudence est venue y ajouter le « quanti interest :
« illud non ex verbis legis, sed ex interpreta-
« tione placuit, non solum perempti corporis
« æstimationem habendam esse, sed eo am-
« plius, quidquid præterea, perempto eo cor-
« pore, damni vobis allatum fuerit, (§ 10, Inst.
« *de lege Aquilia*). Sed utrum corpus ejus solum
« æstimamus, quanti fuerit, cum occideretur,
« an potius, quanti interfuit nostra, non esse
« occisum; et hoc jure utimur, ut ejus quod in-
« terest fiat æstimatio (loi 21, § 2). »

Le *quanti ea res erit* ainsi déterminé pouvait
parfois s'élever jusqu'au double; telles sont les

idées générales, qu'il faut maintenant développer.

Valeur vénale.

Dans le cas du premier chef, la valeur vénale s'estime eu égard, non pas à l'époque du délit, mais au moment de l'année le plus favorable à cette estimation, en remontant en arrière, à partir de la perpétration du fait (loi 21, § 1). Rien de plus simple que ce point de départ, lorsque la mort de l'esclave ou de l'animal a été le résultat instantané de la blessure; mais lorsqu'il s'est écoulé un certain temps entre la cause et l'effet, les jurisconsultes n'étaient pas d'accord sur le moment précis d'où il fallait partir pour faire le calcul. Les uns, comme Celsus, le fixaient à la mort; les autres, dont l'opinion a triomphé, à l'époque même de la blessure (loi 21, § 1).

Il y a telle circonstance qui peut empêcher de remonter le cours de l'année toute entière; par exemple, un jeune esclave a été tué moins d'un an après sa naissance; dans ce cas, on remonte aussi loin que possible (loi 23, § 7).

Dans le cas du troisième chef, pour fixer la valeur vénale, il prendra l'époque la plus favorable à l'estimation dans les trente derniers jours.

Du id quanti interest.

Nous avons dit que la jurisprudence qui s'était formée faisait entrer dans le calcul de l'estimation les dommages et intérêts : par exemple, lorsqu'un esclave a été tué, on tient compte de tous les avantages qui l'ont rendu plus précieux, dans le courant de l'année, bien que ces avantages aient disparu au moment du délit (loi 23). On n'est pas embarrassé pour trouver des exemples.

Un esclave tué avait-il été institué héritier ? on estimera l'hérédité dont le maître se trouve privé (loi 23), pourvu que la succession fût ouverte au moment de l'homicide (loi 23, § 2).

Il faut ajouter à cette restriction que l'esclave doit avoir été en position d'acquérir l'hérédité. Un esclave a été institué héritier et affranchi sous condition, dans le testament de son maître ; il est tué après la mort du testateur ; ni le substitué vulgaire qui lui a été donné, ni à défaut l'héritier légitime ne pourra faire entrer dans l'estimation, l'hérédité, parce que l'esclave n'a jamais été en position de l'acquérir. Ulpien allait même plus loin, et il décidait qu'il n'y avait pas même lieu de procéder à l'estimation de la valeur vénale, parce que, s'il n'avait pas été tué, il eût acquis et l'hérédité et la liberté, et que sa mort, loin de nuire à ceux qui étaient appelés après lui, leur profite (loi 23, § 1).

Mon esclave s'est rendu coupable de graves infidélités à mon préjudice, et je m'étais proposé de lui appliquer la question, pour le forcer à révéler ses complices. Il est tué par un tiers, je pourrai en obtenir la valeur vénale et de plus l'intérêt que j'avais à découvrir les fraudes (loi 23, § 4).

Le propriétaire d'un quadrupède est poursuivi par l'action *de pauperie*. La mort donnée par un tiers à l'animal lui enlève la faculté de faire l'abandon noxal, et il est condamné à subir la totalité du dégat commis. Il pourra se faire rembourser toute la différence entre le montant de la *litis æstimatio* et la valeur vénale du quadrupède (loi 37, § 1).

Il faut appliquer les mêmes principes à la dépréciation résultant du fait qui a dépareillé un attelage (loi 22, § 1).

J'ai promis Stichus ou Pamphile, à mon choix, Stichus vaut dix, Pamphile vaut vingt; le créancier tue Stichus avant la *mora*, je pourrais obtenir à la fois la valeur vénale de Stichus et l'intérêt que j'aurais eu à le payer plutôt que Pamphile. Peu importe, du reste, que Pamphile soit mort *ante moram*, pourvu que ce soit dans le courant de l'année qui a précédé le meurtre de Stichus (loi 55).

ACCROISSEMENT AU DOUBLE DE L'ESTIMATION.

Il y a certaines actions dans lesquelles la condamnation du défendeur s'accroît au double par suite de sa dénégation, *lis inficiando crescit*. Au nombre de ces actions se trouve l'action *judicati* et ses dérivées, telles que l'action *ex testamento* résultant du legs *per damnationem* et l'action *legis Aquiliæ*. Le legs *per damnationem*, à raison de sa formule *damnas esto*, est une espèce de condamnation que le testateur prononce contre son héritier et l'*actio ex testamento* est une sorte d'*actio judicati*. Les mêmes expressions, qui sont celles employées par le juge, quand il rend sa sentence, se rencontrent, comme nous l'avons vu, dans le premier et le troisième chefs de la loi Aquilia ; c'est pour cela que l'action qui résulte de cette loi est, elle aussi, mise sur la même ligne que l'*actio judicati*.

La règle de l'accroissement au double étant ainsi exprimée (loi 23, § 10 ; loi 2, § 1 ; loi 4, Code, *ad leg. Aquil.*), il reste à savoir comment elle s'applique et sur quoi doit porter la dénégation. Elle doit porter sur la participation personnelle du défenseur au fait dommageable ; s'il nie cette participation et qu'elle soit prouvée contre lui, il subira une condamnation au double. S'il avoue être l'auteur du délit, le juge n'aura plus à se préoccuper d'une semblable question ; il n'y a plus à débattre qu'une question d'indemnité et la condamnation ne dépassera pas le simple, mais elle atteindra toujours ce chiffre, quand bien même il serait prêt à prouver que son aveu repose sur une erreur de fait. C'est en effet un caractère commun à toutes les actions susceptibles de s'accroître au double par suite de dénégation que l'aveu du défendeur ne puisse être rétracté ; la raison en est, qu'il est revêtu d'un caractère transactionnel et que son auteur a préféré courir le danger de le faire, que de subir un préjudice plus grand ; de deux maux il a choisi le moindre, tout cela cependant doit s'entendre de l'hypothèse où le délit a été commis par quelqu'un ; l'aveu du défendeur n'a nullement pour but de soustraire le demandeur à la preuve du fait dommageable lui-même, mais seulement à celle de sa participation personnelle ; et une semblable participation est bien impossible, si, en réalité, il n'y a pas eu de fait dommageable (loi 23, § 11 ; 24, 25, § 2 ; 26 ; loi 4, *de confessis*).

MOYENS DE DROIT QUI SERVENT A RÉPRIMER
LE *damnum injuria datum*.

Nous distinguerons trois hypothèses :

1° Le *damnum injuria datum* constitue une violation du droit de propriété seulement ;

2° Il constitue à la fois une violation d'un droit de propriété et d'un droit d'obligation.

3° Il constitue une infraction non-seulement à la loi *Aquilia*, mais à plusieurs lois pénales.

PREMIÈRE HYPOTHÈSE.

Le damnum injuria datum viole seulement un droit de propriété.

L'action donnée dans ce cas à la victime du délit est l'action *legis Aquilia*. Nous allons voir quel est le but, à qui elle compète, et contre qui elle est donnée. — 1er cas : Le défendeur ne nie pas ; d'après les notions qui précèdent, il est aisé de préciser le but de l'*actio legis Aquiliæ*. Si la chose détruite ou endommagée n'a pas eu de plus haute valeur dans le courant de l'année ou dans les trente derniers jours, le défendeur est condamné à la valeur de la chose, considérée au moment du délit, en y ajoutant le *id quanti interest* ; l'action tend alors à lui faire subir une diminution de patrimoine, sans enrichir le demandeur. Cette diminution de patrimoine est pour le défendeur une peine et pour le demandeur une indemnité. Les interprètes modernes donnent dans ce cas à l'action *legis Aquiliæ* le nom de pénale unilatérale. Si au contraire, dans le courant de l'année, ou dans les trente derniers jours, il y a eu un moment plus favorable pour l'estimation, ce n'est pas une simple réparation qui est accordée à la victime du délit, le demandeur s'enrichit alors de toute la différence qui existe entre le montant de la condamnation et la valeur actuelle de la chose. Cet excédant a le caractère d'une amende, qui, au lieu d'être versée dans les caisses du trésor public, est payée entre les mains d'un simple particulier; de telle sorte que celui-ci obtient à la fois une indemnité et une peine, ce qui a fait dire que l'*actio legis Aquiliæ* était mixte. Dans toutes les circonstances qui précèdent, le juge n'a pas à rechercher si le défendeur est l'auteur personnel du fait, il doit prendre pour base l'aveu du défendeur, et se livrer à un simple calcul; sous cette forme, l'*actio legis Aquiliæ* porte le nom de *confessoria actio* (loi 23, § 11; loi 25).

2ᵉ cas : Le défendeur nie; dans toutes les hypothèses possibles, on voit alors surgir le caractère mixte de l'*actio legis Aquiliæ*.

A qui compète l'actio legis Aquiliæ.

L'*actio legis Aquiliæ* compète au propriétaire (loi 11, § 6).

Il résulte de là, qu'elle est acquise à une hérédité jacente et qu'elle passera sur la tête de l'héritier, par suite de l'adition (loi 13, § 2; loi 43).

Il en résulte encore, qu'elle appartiendra au légataire *per vindicationem*, si la chose est détruite ou endommagée, postérieurement à l'acceptation du legs : *Si non post mortem servi agnovit legatum* (loi 13, *in fine*). Nos anciens interprètes effaçaient dans ce texte la négation; ils ne connaissaient pas la controverse des Sabiniens et des Proculéiens, qui nous a été révélée par Gaius, commmentaire II, § 195.

Les deux écoles rivales discutaient la question de savoir si le legs *per vindicationem* était acquis au légataire à partir de l'adition de l'hérédité à son insu ou bien seulement à partir du moment où il avait accepté, et c'est dans ce dernier sens que la question avait été résolue par une constitution d'Antonin le Pieux.

En cas de répudiation du legs, l'*actio legis Aquiliæ* passera rétroactivement sur la tête de l'héritier (loi 13, *in fine*), à moins que le légataire dont il s'agit n'ait un colégataire, au profit duquel existe le droit d'accroissement (loi 17, § 1; 36).

Si l'objet légué avait été totalement détruit avant l'adition d'hérédité, comme il n'aurait jamais été la propriété du légataire, l'*actio legis Aquiliæ* aurait été acquise à l'hérédité jacente et transmise avec elle à l'héritier (loi 15); à moins que l'auteur du fait ne soit l'héritier lui-même, auquel cas le légataire aurait contre lui l'action *ex testamento*.

Il arrive souvent que l'*actio legis Aquiliæ* ayant pris naissance au profit du propriétaire de la chose doive être cédée par lui. Le Digeste renferme un grand nombre de ces cas. Nous nous contenterons de citer les suivants :

L'acheteur d'un esclave qui exerce l'*actio redhibitoria* doit céder au vendeur l'*actio legis Aquiliæ* dont il est devenu titulaire, par suite d'un *damnum injuria datum* causé à l'esclave pendant que celui-ci était encore sa propriété (loi 11, § 7).

Si la chose léguée *per vindicationem* a été simplement détériorée avant l'adition d'hérédité, elle passe à l'héritier, mais il doit la céder au légataire (loi 15).

Contre qui se donne l'actio legis Aquiliæ.

Nous allons supposer successivement : 1° que

l'auteur ou les auteurs du délit sont encore vivants, et 2° qu'ils sont morts.

1° *Auteurs vivants.*

L'*actio legis Aquiliæ* compète contre l'auteur ou les auteurs du délit.

Pas de difficulté, quand il n'y en a qu'un seul. Mais quand il y en a plusieurs, dans quelle mesure chacun d'entre eux sera-t-il puni ? Nous laissons de côté le cas que nous avons déjà vu, celui où deux personnes différentes ont commis sur la même chose deux délits successifs (loi 51, § 2 ; loi 2, § 3), et nous supposons plusieurs personnes qui ont frappé en même temps le même esclave. Si l'on peut reconnaître quelle part chacun d'eux a prise à l'assassinat, chacun sera responsable de son propre délit, car il y autant de délits distincts que de délinquants. Ainsi, l'un a fait une blessure non mortelle, l'autre une blessure qui a donné la mort. Le premier sera tenu, en vertu du troisième chef, le second en vertu du premier chef de la loi Aquilia ; mais s'il n'est pas possible de savoir quel est celui des deux qui a donné le coup mortel, on préfère présumer que l'un et l'autre l'ont donné, plutôt que de ne punir aucun d'entre eux, dans la limite de la responsabilité qu'il peut avoir encourue. Tous les deux seront en conséquence punis en vertu du premier chef, et le payement fait par

l'un d'eux ne libérera pas l'autre (loi 11, § 2).
Ce dernier point doit être remarqué. Toutes
les fois que plusieurs personnes s'associent
pour commettre un délit susceptible d'être
poursuivi par une action pénale unilatérale,
le payement fait par l'un d'eux libère les autres (loi 1, § 4, *de eo per quem factum* ; loi 14,
§ 15, loi 15, *quod metus causa* ; loi 1, § 10,
loi 3 et 4, *de his qui effuderint* ; loi 17, *de dolo*).
S'il s'agit d'une action pénale bilatérale, par
exemple, de l'*actio furti*, elle se donne pour le
tout contre chacun des délinquants et aucun
n'est libéré par suite du payement qu'effectue
l'un d'entre eux (loi 1, *de condictione furtiva*).
L'*actio legis Aquiliæ* est pénale unilatérale pour
la valeur actuelle de la chose, et pénale bilatérale pour l'excédant. D'après les principes
précédents, il semblerait donc que la libéra-
tion de tous les délinquants dût résulter du
payement fait par l'un, du moins pour tout ce
qui n'a que le caractère d'indemnité. Mais les
jurisconsultes sont partis de l'idée que dans
l'espèce proposée, il y avait autant de délits
distincts que de délinquants, et ceci prouve
combien les criminalistes modernes ont dû forcer le sens des choses, pour invoquer les règles
que nous venons d'exposer, à l'appui de leur
théorie sur la complicité et sur l'assimilation
absolue du complice à l'auteur principal ; outre

que la loi Aquilia ne frappe qu'un délit purement privé, elle part ici de l'idée qu'il y a plusieurs délits, dont chacun doit être puni isolément, tandis que la complicité suppose un délit unique, dont la perpétration a été facilitée par la participation d'un tiers.

Jusqu'à présent, nous avons supposé que l'auteur du *damnum injuria datum* était une personne libre. Si c'était un esclave, ou, avant Justinien, un fils de famille, l'*actio legis Aquiliæ* se donnerait *noxaliter* contre le maître ou le père, et alors le dommage ne serait réparé que jusqu'à concurrence de la valeur de l'esclave ou du fils abandonné, *noxaliter*, dans les cas du moins où cet abandon est possible. Elle se donnerait aussi contre l'esclave devenu libre ou contre le fils de famille, même pendant le temps où il est placé sous la puissance paternelle, de telle sorte que le créancier ayant obtenu contre le fils de famille l'*actio judicati* pourrait l'exercer de *peculio et quasi ex contractu* contre le père. Mais ceci rentre dans la théorie générale des actions noxales, que nous n'avons pas à exposer.

2° *Auteurs décédés.*

1er *Cas.* L'auteur du délit est décédé après la *litis contestatio.* — L'action *legis Aquiliæ* passe avec toutes ses conséquences contre les héritiers. — (Code, *de delictis*; Dig., loi 26, *de oblig. et act.*; loi 139, *de regulis juris.*)

2° *Cas.* L'auteur du délit est décédé avant la *litis contestatio.* — L'action ne se transmet pas contre l'héritier pour ce qu'elle a de pénal, et quant à son caractère d'indemnité, elle ne se transmet contre l'héritier que *quatenus locupletior factus est* (loi 23, § 8).

DEUXIÈME HYPOTHÈSE.

Le damnum injuria datum constitue à la fois la violation d'un droit de propriété et d'un droit de créance.

Voici un exemple : le commodataire détruit la chose qui lui a été prêtée; deux actions sont possibles contre lui : 1° *Actio commodati directa;* 2° *Actio legis Aquiliæ.* La première est destinée à faire obtenir au demandeur le *id quanti interest,* apprécié au moment du jugement; la seconde est destinée à lui faire obtenir une somme calculée suivant les taux divers fixés par la loi Aquilia. Si l'*actio legis Aquiliæ* est exercée la première, l'*actio commodati directa* se trouvera totalement absorbée. Mais si on suppose l'inverse, l'*actio legis Aquiliæ* subsistera, toutefois pour le *amplius* seulement; et si le demandeur voulait l'exercer pour le tout, il serait repoussé par une *exceptio in factum* tirée de la circonstance qu'une indemnité a déjà été obtenue par l'*actio commodati directa*. C'est en ce sens que doivent s'entendre les textes nombreux qui semblent décider d'une façon absolue que les deux actions s'excluent réciproquement. Cela est prouvé du reste par d'autres fragments explicites, et en même temps par le but que poursuit le demandeur. L'*actio rei persecutoria* qui résulte du contrat tend à la poursuite d'une indemnité; il en est de même de l'action pénale qui résulte du délit. Sous ce rapport, les deux actions ont un but identique; après l'avoir atteint par l'une des deux, il serait injuste que la victime du délit l'obtînt une seconde fois par l'autre, mais l'*actio legis Aquiliæ* a de plus un certain caractère pénal auquel elle seule peut donner satisfaction.

TROISIÈME HYPOTHÈSE.

Le damnum injuria datum constitue en même temps la violation de la loi Aquilia et d'autres lois pénales.

Voici un exemple : une personne frappe l'esclave d'autrui, dans l'intention d'outrager le maître; il y a là, à la fois, un *damnum injuria datum* et une *injuria*. La coexistence de l'*actio damni injuriæ* et de l'*actio injuriarum* avait donné naissance à trois opinions dans la jurisprudence romaine. Suivant la première, l'exercice de l'une des deux actions excluait absolument l'autre. Suivant la seconde, l'exercice de l'action la plus forte était un obstacle à l'exercice de l'action la plus faible, mais celui de l'action la plus faible laissait subsister l'action la plus forte, pour ce que celle-ci contenait de plus, avec la faculté, pour le défendeur, de repousser le demandeur par une *exceptio in factum*, si celui-ci tentait d'agir pour le tout. Suivant la troisième qui avait triomphé et qui a été législativement consacrée sous Justinien, il pouvait y avoir cumul complet des deux actions.

II.

Damnum injuria datum non prévu par la loi Aquilia.

Les circonstances qui font que le *damnum injuria datum* n'est pas l'objet des prévisions directes de la loi Aquilia sont au nombre de trois.

1° Il y a eu lésion matérielle, dont le délinquant n'a fourni que l'occasion et qu'il n'a pas directement causée *corpore suo*.

2° Il y a une lésion matérielle portant atteinte à un droit réel, autre que le droit de propriété, ou à tout autre droit.

3° Il n'y a pas de lésion matérielle.

I° Lorsqu'il y a une lésion matérielle, dont le délinquant n'a fourni que l'occasion, la condamnation pécuniaire s'évalue au taux fixé par la loi Aquilia.

II° Il en est de même, lorsque la lésion matérielle contient violation d'un droit réel, autre que le droit de propriété, ou de tout autre droit.

III° Lorsqu'il n'y a pas de lésion matérielle, la loi Aquilia n'est en aucune façon applicable.

Dans les deux premiers cas, la réparation du *damnum* est poursuivie au moyen d'une *actio utilis*. Cette action compète à celui qui est investi du droit réel. Ainsi elle peut être exercée par l'usufruitier, par l'usager (loi 11, § 10 ; loi 17, *in fine, de usufructu et quemadmodum*) ; par le créancier gagiste, à la double condition qu'il y ait intérêt et qu'il la restreigne dans les limites de la dette, l'action directe étant réservée au débiteur pour le surplus (loi 30, § 1).

Le créancier gagiste aura intérêt à l'exercice de l'action utile, par exemple si le débiteur est insolvable ou bien si le créancier *litem tempore amisit*; ce que l'on peut entendre soit d'une péremption d'instance, soit de la prescription d'une action temporaire, en partant de cette idée, que la péremption ou la prescription a laissé subsister une *naturalis obligatio*, qui a servi à soutenir le gage.

L'action utile dont nous parlons appartient aussi à l'homme libre, qui a été blessé; nous disons utile et non pas directe; *quoniam dominis membrorum suorum nemo videtur* (loi 13). Ce principe conduit à la conséquence suivante: Mon esclave est blessé à mort, j'acquiers l'*actio directa legis Aquiliæ*; je meurs après l'avoir affranchi et institué héritier dans mon testament. Je ne lui transmets pas mon action directe; *quia in eum casum res pervenit a quo incipere non potest* (loi 16). Il n'aura que l'action utile, et c'est cette dernière qu'il transmettra en mourant à son propre héritier (loi 36, § 1). S'il avait un cohéritier, celui-ci aurait l'action directe, mais est-ce pour partie ou pour le tout? Accurse se prononçait dans le premier sens, Cujas dans le second (Cujas, obs. xvii, 10). Nous préférons l'opinion d'Accurse. Cujas dit, que ce qui ne peut être acquis à l'un des héritiers *jure hereditario est acquis* en entier à l'autre, et il argumente des lois 23, *in fine*, *de adquirendo rerum dominio* et de la loi 12, *de auctoritate tutorum*, Digeste. Mais dans l'espèce, l'esclave dont il s'agit a pu acquérir l'*atio legis Aquiliæ* sous sa forme utile.

Par les mêmes principes, le père, ne pouvant être considéré comme propriétaire de ses enfants, n'aura que l'action utile (loi 7).

Dans le troisième des cas que nous avons distingué plus haut, celui où il n'y a pas eu de lésion matérielle, ce sera une *actio in factum* ordinaire, qui sera donnée et à laquelle ne s'appliquera aucune des règles de la loi Aquilia (loi 7, § 7, *de dolo malo*); mais il va de soi, que si le méfait commis constituait un *furtum*, l'*actio in factum* dont nous parlons ferait place à l'action *furti* (loi 25, § 7, *ad leg. Aquil.*; loi 7, § 7, *de dolo malo*.

A MES MAITRES ET AMIS,

ODON LESCURE, JULES CAZOT.

DE LA COMPLICITÉ.

AVANT-PROPOS.

Nous avons divisé cette étude en trois parties.

Dans la première, nous avons cherché les principes rationnels de la complicité, et nous avons étudié et discuté les principes adoptés par le Code pénal. Dans la seconde partie, nous avons étudié la période historique et les législations étrangères. Dans la troisième partie, nous avons étudié la loi dans ses détails pratiques, nous en avons montré toutes ses conséquences.

Si nous avons osé chercher une théorie de la complicité, c'est que nous n'avons pu étudier la théorie du Code, sans la discuter, et que cette discussion nous ayant conduit à la négation même de cette théorie, nous n'avons fait qu'obéir aux plus strictes lois de la critique, en signalant le remède à côté du mal, et en nous demandant ce que devait être la complicité, après avoir critiqué ce qu'elle était.

Si notre discussion repose souvent sur des principes et des idées philosophiques, c'est qu'il nous a paru qu'une étude de droit pénal était nécessairement une étude philosophique. Quand le législateur s'institue juge pénal des actions humaines, et prononce sur leur mérite ou leur démérite, sur quels principes fonderait-il donc ses décisions, sinon sur les principes mêmes qui servent au philosophe à concevoir et à appliquer les notions du bien et du mal, du mérite et du démérite?

DE LA COMPLICITÉ.

PREMIÈRE PARTIE.

Des principes de la complicité.

CHAPITRE Ier.

THÉORIE RATIONNELLE DE LA COMPLICITÉ.

Je vais chercher les principes rationnels de la complicité. Je procéderai synthétiquement, c'est le moyen d'éviter les longueurs et les répétitions qu'entraînerait l'exposition analytique de mon sujet.

Être complice, c'est participer à un acte coupable. Je dis *coupable*, parce que, d'une part, il n'y a qu'un acte de cette nature qui puisse tomber sous l'application du Code pénal, et que, d'autre part, l'étymologie même dans le

mot *pleclere*, nous révèle non-seulement l'idée
d'un lien, mais d'un lien afflictif et pénal (1).
J'ajoute enfin : à un *seul* acte : car s'il y a toujours pluralité d'agents dans la complicité, il
y a nécessairement unité de délit. C'est là le
caractère qui distingue en droit pénal la complicité de la connexité. Au fond, la complicité
n'est donc qu'une question de *participation*,
expression générale du concours apporté à un
acte quelconque. Mais on ne saurait punir la
participation, si elle n'est pas imputable. L'imputabilité donne donc la question de complicité comme toute question pénale. Il faudra décider avant tout s'il y a imputabilité, question
préalable qui sera facilement résolue en se demandant : y a-t-il une cause libre et éclairée ?

Mais il ne suffit pas de savoir quand on pourra
imputer à quelqu'un sa participation, il faut
s'entendre sur ce qui constitue la culpabilité
de la participation. Nous dirons qu'elle consiste en une intention et un acte coupables,
qui ont entre eux la relation de cause à effet.
La volonté de commettre un crime, sans l'exécution, l'exécution sans la volonté, ne peuvent
séparément constituer un crime. Il faut qu'elles

____

(1) Ortolan, n° 851.

soient réunies, et de plus, que l'une soit cause de l'autre. En effet, si vous commettez un crime que je préméditais moi-même, sans vous avoir toutefois manifesté mes intentions, je serai innocent, malgré mes criminels projets. Il faudrait, pour établir ma culpabilité, prouver que mon intention a été mise en relation avec votre crime par un acte coupable, émané de moi, par exemple, par l'ordre que je vous aurais donné.

Les deux éléments d'une participation coupable sont donc l'intention et l'acte; il faut distinguer ainsi une participation intellectuelle et matérielle.

Si nous voulons, dans l'étude de la participation matérielle, pousser l'analyse plus loin, nous trouvons de suite une grave difficulté à résoudre. En effet, notre esprit conçoit des modalités infinies de participation matérielle. Or, il est important pour le législateur d'étudier ces modalités diverses, car ce n'est qu'en se rendant compte de l'étendue de la faute, qu'il pourra mesurer sans erreur la peine. Eh bien! essayez un instant de concevoir et d'énumérer les modes divers de participation qui peuvent se présenter, vous vous arrêterez bientôt, effrayé du labyrinthe où vous vous êtes engagé; vous acquerrez la conviction qu'il est impossible au législateur de prévoir tous les modes de participation que le juge aura à apprécier. Si nous cherchions alors à ramener ces modes divers sous certains types, la difficulté ne sera pas moins grande et l'esprit renoncera bientôt à des classifications imparfaites. Nous ne tardons pas à nous convaincre que l'esprit ne conçoit qu'une seule division qui puisse le satisfaire. Quel que soit le mode de participation qui se présente, l'esprit conçoit toujours la possibilité de se poser cette double question : la participation a-t-elle donné l'existence ou n'a-t-elle fait que faciliter le crime ?

Attachons-nous à cette grande division : c'est la base de toute la théorie de la complicité, c'est à l'aide de cette distinction fondamentale que nous pourrons trouver la solution des plus graves difficultés.

Si votre participation est d'une importance telle, que sans elle le crime n'eût pas existé, ne suis-je pas amené logiquement à vous qualifier de *coauteur*. Si, au contraire, la part que vous avez prise au crime est assez faible pour que sans vous le crime eût toujours été commis, je ne puis logiquement vous imputer un crime qui se fût parfaitement accompli sans votre participation. Je punirai sans doute le concours que vous avez prêté à un acte criminel, mais si, dans l'espèce précédente, je voyais un *coauteur*, je ne vois ici qu'un *complice*.

Coauteurs. — Rien de plus facile à déterminer que le coauteur. Le crime ne se serait-il
pas accompli sans votre participation, vous êtes
coauteur. En principe, il n'y a donc aucune
distinction à établir entre l'auteur et le coauteur. Toutefois, cette assimilation ne saurait
toujours être complète. Quels sont les éléments
de la culpabilité? Nous le savons, c'est l'intention, l'acte. Leur variabilité influe nécessairement sur la culpabilité et partant sur la peine.
Nous concevons que le coauteur puisse être :

Plus coupable, si un criminel intelligent fait
commettre un crime par une brute à sa dévo-
tion.

Aussi coupable, si l'un tient la victime, tandis que l'autre la frappe.

Moins coupable, si l'assassin, cherchant sa
victime, un traître lui indique la retraite.

Ainsi, lorsqu'il s'agira de fixer la peine, la
loi devra poser le principe de l'assimilation du
coauteur à l'auteur. Quant à la variabilité qui
peut exister dans leur culpabilité réciproque,
l'application des circonstances atténuantes
permettra facilement d'en tenir compte.

J'ajouterai une observation : c'est que le mot
de coauteur implique bien la communauté dans
le crime, mais exclut toute idée de simulta-
néité. Le caractère distinctif est l'intention.
Les auteurs simultanés se distinguent des coau-

teurs, en ce que le crime n'a pas été précédé d'une entente commune. Cette distinction a un intérêt pratique. Selon le Code pénal, le complice subit les circonstances aggravantes du crime principal. Entre auteurs simultanés, pas de relation, point de culpabilité transmissible. Au point de vue purement théorique, il y aurait à signaler une autre différence. Les coauteurs sont tenus solidairement d'un seul et même dommage, il n'est dû alors solidairement qu'une seule indemnité, il en serait dû plusieurs *in solidum* par les auteurs simultanés. Ajoutons, il est vrai, qu'en pratique le résultat sera le même, puisque le cumul des indemnités n'est pas admis par notre législation. Il ne sera jamais dû qu'une seule indemnité payable en totalité par un des coauteurs à défaut de l'autre. En effet, s'il s'agit du coauteur, il y a solidarité, et s'il s'agit d'auteurs simultanés, chacun doit l'indemnité totale et la paye, dès que les vocations rivales ne sont plus réduites à la moitié par leur concours.

Complices. — Je me représente le crime dépourvu de la participation de cet homme, il est évident que, malgré la facilité qu'il a apportée à sa perpétration, le crime se fût parfaitement accompli sans lui, cet homme n'est à mes yeux qu'un complice. Quelle peine lui appliquerai-je ? Je ne puis concevoir comment je pourrais lui imputer un crime, indépendant de son concours. Comment le punir, comme coupable d'un crime, dont il n'est ni auteur, ni coauteur? Comment, enfin, concevoir que la même peine appliquée à l'auteur puisse être appliquée également au complice? C'est donc une conclusion logique et invariable que celle que je tire de l'analyse précédente en posant le principe :

Le complice est moins coupable que l'auteur principal.

Si je n'assimile pas le complice à l'auteur, il me reste toujours à punir sa coupable participation. Or, dès que je cherche à concevoir les divers modes de complicité, mon esprit est impuissant à en dresser une liste exacte et complète ou à en former une classification véridique. De cette variabilité infinie de complicités, je ne puis tirer que ce principe, qu'il y a des complicités très-peu coupables et d'autres d'une grande immoralité.

Donc, la peine de la complicité doit être placée entre deux limites fort éloignées. Je conçois des complicités si coupables que le maximum ne sera inférieur que d'un degré à la peine de l'auteur principal. Je conçois des complicités si véniclles, que le minimum devrait être la plus faible de toutes les peines.

Pour compléter cette théorie, nous devons résoudre une dernière question. Le coauteur donne naissance au crime, le complice le facilite. Donc, la culpabilité diffère, donc la peine doit différer; mais qui fera cette distiction ?

Sera-ce la loi? sera-ce le juge? Cette question a été gravement controversée et diversement résolue. En général, on semble craindre d'abandonner au juge cette appréciation. Il semble qu'on laisse ainsi un champ trop vaste à l'arbitraire. Mais si nous refusons au juge cette appréciation, nous devons chercher une formule qui lui permette dans chaque hypothèse de distinguer nettement le complice du coauteur. A coup sûr, si nous trouvions cette formule, nous arriverions à créer un système qui serait infiniment préférable à tout autre. Mais quelle sera la base de cette formule? Sera-ce le crime lui-même? Non, on peut en être tantôt l'auteur, tantôt le complice, c'est là une base variable et incertaine. Sera-ce la participation? Nous avons dit qu'elle se décomposait en deux éléments, l'intention et l'acte; sera-ce l'intention ? Non, elle peut avoir pour objet, tantôt de donner naissance au crime, tantôt de le faciliter; sera-ce l'acte de participation lui-même? Nous n'avons qu'à rappeler ici ce que nous avons déjà dit : l'acte de la complicité, est pour ainsi dire un véritable Protée, tantôt principal, tantôt accessoire, susceptible de modalités infinies, qui ne permettent à l'esprit d'en dresser aucune liste complète, d'en concevoir aucune classification exacte. De là, l'impossibilité absolue de formuler sur la nature de cet acte aucune règle fixe. Nous l'avons déjà dit, nous ne pouvons établir qu'une division, en distinguant l'acte qui crée et l'acte qui facilite le crime. C'est donc dans ce seul principe philosophique que nous pourrons trouver la base que nous cherchons. La théorie rationnelle de la complicité nous conduit logiquement à cette conclusion. Puisqu'il est impossible de déduire des modalités infinies de la participation, aucune règle certaine, puisque nous devons nous borner à poser la distinction de la participation principale et de la participation accessoire, puisque cette distinction est la base de toute théorie rationnelle sur la complicité, nous dirons au juge :

Le coauteur est celui qui, par sa participation, donne naissance au crime, le complice est celui qui facilite son exécution. Nous vous avons fixé des peines diverses pour l'auteur et le complice, appliquez l'une ou l'autre, selon que vous reconnaîtrez que la participation a donné naissance au crime, ou l'a simplement facilité.

Quel problème plus simple à résoudre ? qu'elle règle de conduite plus facile que de se poser dans toute hypothèse cette question : le crime se fût-il accompli sans la participation de cet homme ? Je sais que, dans certains cas, l'analyse du fait est délicate, et que la réponse sera peut-être moins facile. Mais n'est-ce pas déjà un grand point que de tracer au juge une marche aussi claire ! que de tergiversations, que de perplexités, cette règle supprime dans la recherche de la vérité ; que de considérations étrangères se trouvent aussi écartées dès l'abord ! vous n'avez à vous occuper que d'un seul point, qu'à rechercher une seule chose : Le crime se fût-il accompli sans la participation du complice ? D'ailleurs, de ce que la réponse dans certains cas peut être plus difficile, quelle conclusion en tirer contre notre théorie ? quel système prétendra jamais supprimer toute difficulté dans l'interprétation parfois si délicate du fait. Notre système, sans doute, laisse encore subsister ces difficultés, mais c'est là un point commun, nous ne craignons pas de le dire, avec tous les systèmes. Nous espérons au contraire que notre théorie a peut-être l'avantage sur les autres systèmes de poser au juge une règle fixe, qui non-seulement nous semble conforme aux vrais principes de la complicité,

mais qui offre des conditions de clarté, de sim-
plicité, qui tarissent bien des sources de doute
et d'erreur.

Nous n'avons osé qu'esquisser cette théorie,
à laquelle nous a conduit l'analyse de la question. Nous la compléterons en étudiant les autres systèmes et notamment la théorie de notre
Code Pénal, en signalant les graves inconvénients qu'ils présentent; nous avons aussi à
examiner la période historique, à étudier les
législations étrangères, pour y chercher des
alliés ou y combattre des adversaires. C'est
l'objet de nos études dans les chapitres suivants.
La complicité est un des écueils du droit criminel. Elle offre dans la culpabilité réunie et
confondue du complice et de l'auteur principal une combinaison singulière, pleine de difficultés. Le rôle du criminaliste est de trouver
une règle et comme une formule, à l'aide de
laquelle il puisse toujours discerner le complice
et l'auteur. J'ai osé indiquer une théorie que
nous verrons être entièrement opposée à la
théorie du Code, parce que l'étude philosophique de cette question m'avait conduit à la
proclamer. J'ai été enhardi dans cette voie par
les doctrines de quelques jurisconsultes célè-
bres, par l'éloquent plaidoyer de Rossi et enfin
par le beau livre de Beccaria, cet italien généreux qui humanisa, et purifia pour ainsi dire

le droit pénal au souffle des grands principes, l'honneur de notre école philosophique du xviii° siècle ! Si j'ai échoué sur cet écueil, il me restera la consolation de n'être, ni le premier, ni peut être le dernier.

CHAPITRE II.

THÉORIE DU CODE PÉNAL.

L'art. 59 du Code pénal formule avec la plus grande netteté la théorie du Code pénal sur la complicité. Il énonce deux propositions :

I. *Tous les participants à un même crime doivent être punis de la même peine.*

II. *La peine du participant doit être la même que celle de l'auteur principal.*

Nous nous arrêtons ; il est impossible de formuler une théorie qui soit plus radicalement contraire aux principes que nous avons cru pouvoir proposer. Nous avons distingué avec soin le complice et l'auteur principal ; nous avons trouvé en eux une culpabilité diverse et nous avons demandé une peine différente ; le Code les assimile l'un à l'autre. Nous avons reconnu une telle quantité de nuances dans la participation, que nous avons renoncé à en dresser aucune liste ni même aucune classification ; le Code assimile entre elles toutes les modalités de participation. Entre notre théorie, que nous pouvons appeler le *système de la distinction*, et la théorie du Code qui peut être qualifiée de *système de l'assimilation*, il y a donc un abîme. Étudions la théorie de l'assimilation, nous verrons sur quels principes elle repose, quels inconvénients elle peut présenter.

J'ose espérer que notre théorie sortira victorieuse de cet examen, et qu'on reconnaîtra sa supériorité au point de vue théorique comme au point de vue pratique.

Plaçons donc les deux théories en présence, formulons tour à tour les objections et les réponses, assistons en quelque sorte à cette lutte et pour cela reprenons la première proposition.

I. *Tous les participants à un même crime doivent être punis de la même peine.*

La réponse est facile si nous nous rappelons les principes que nous avons exposés sur la complicité.

En quoi consiste la culpabilité de la participation ? En une intention et un acte coupable. Si ces éléments varient, la peine doit varier aussi pour rester proportionnelle à la faute. Or, qui pourrait poser ces deux éléments comme invariables ? L'acte extérieur à lui seul peut varier à l'infini. Est-ce, par exemple, commettre le même crime que de tenir la victime, tandis qu'on la frappe, ou de vendre une arme à l'assassin ?

Il ne suffit pas de détruire cette première proposition du Code avec le secours des principes, nous devons examiner quels arguments on a présentés pour sa défense. C'est ce que l'étude de la seconde proposition nous fera connaître. Ces deux propositions sont intimément liées l'une à l'autre.

Défendre ou attaquer l'une, c'est en même temps soutenir ou renverser l'autre. Le Code, en effet, procède comme une équation algébrique, où, pour prouver que deux quantités sont égales entre elles, on prouve qu'elles sont égales à une troisième. Le Code prend l'auteur principal comme type et décrète la ressemblance absolue de tous les participants à ce type, et par conséquent entre eux. Pour prouver que tous les participants ne sauraient être assimilés l'un à l'autre, il faut donc, avant tout, démontrer qu'ils diffèrent gravement de l'auteur principal. Nous voici arrivés au point capital, à la seconde proposition.

II. *La peine du participant doit être la même que celle de l'auteur principal.*

Les uns ont soutenu la vérité en principe de cette proposition ; d'autres, moins hardis, ont avoué son inexactitude en principe, mais l'ont justifiée par la *nécessité sociale.*

Arguments de principe.

Un premier argument peut se formuler ainsi : « Le complice, dit-on, assume tacitement la « responsabilité du crime, la loi ne fait donc « que se conformer à ses prévisions. »

Cet argument consiste à présumer une intention chez le complice. Sur quoi se motive donc cette présomption ? On a dit : La loi le punit de la même peine et il est censé connaître la loi. Je n'insisterai pas sur cette pétition de principes. C'est en soi qu'il faut considérer l'intention du complice ; a-t-il cru en son for intérieur qu'il assumait la responsabilité entière de crime ; en un mot, s'est-il cru aussi coupable que l'auteur principal ? Voilà la question. Il s'agit de scruter la pensée intime du complice ; il n'est qu'un moyen pour nous d'y arriver, c'est d'interroger le fait qui trahit et révèle la pensée. Or, puisqu'il s'agit d'un complice, il s'agit d'un homme qui n'a pas donné naissance au crime, qui n'a fait que faciliter son exécution. Puisqu'il en est ainsi, comment pourrait-il se croire aussi coupable que l'auteur principal ? On me propose de tenir la victime pendant qu'on la frappera ; je refuse, mais je consens à prêter un couteau, et la loi déclare que dans mon for intérieur, je me suis jugé également coupable dans l'un et l'autre cas. Comment peut-on supposer chez le complice une aberration aussi contraire à sa conscience qu'à ses intérêts. Quoi ! vous m'imputez une participation accessoire et une responsabilité principale ! S'il y a une présomption, je pense, c'est qu'on entend être puni comme on pèche. Si le complice a refusé le principal rôle, s'il a restreint sa participation au détriment du crime, il n'a agi ainsi que dans un intérêt. Or, généralement, le complice reçoit la moindre part dans les bénéfices ; l'intérêt qu'il a eu en vue ne peut donc avoir été que d'encourir une moindre peine. On pourra bien citer des exemples où le participant a voulu s'assimiler entièrement à l'auteur, mais je répondrai par la distinction du coauteur et du complice. Il est tel rôle accessoire qui est indispensable à l'exécution du crime, l'acteur alors n'est plus complice, mais coauteur. Pour formuler une objection sérieuse, il faut forger une espèce où le complice, sachant qu'il n'est pas indispensable pour l'action, a voulu néanmoins s'assimiler pour la peine à l'auteur principal. Ne dites pas, enfin, que participant aux bénéfices, il doit participer à la même peine, car c'est proclamer un principe qui vous condamne. Il faut alors proportionner la peine à la part du butin. Or, est-il douteux que l'auteur principal n'ait pris la part du lion et, par conséquent ne doive être le plus puni?

Il est un autre argument de principe en faveur de l'assimilation : cet argument n'est point topique, il ne contredit pas directement notre théorie, mais il n'en est que plus perfide, il tend à provoquer sur elle la méfiance, en l'isolant comme une utopie opposée à l'adhésion universelle du genre humain. On dit, le système de l'assimilation est aussi ancien que le monde. — Et qu'importe donc ? N'est-ce pas là le privilége de toute erreur jusqu'au jour où elle est détruite !

Cet argument peut et doit inspirer la prudence dans l'innovation : mais il ne prouve rien par lui-même et, je le répète, l'histoire est là pour rappeler toutes les erreurs qu'il a fait vivre. Il est aisé, du reste, de nous expliquer l'antiquité du système de l'assimilation ; il est aisé de montrer que ce système se rattachait à l'organisation barbare des sociétés antiques, organisation qui s'est écroulée aujourd'hui !

La justice prononce entre la société et le coupable ; la justice doit donc être morale et impassible : morale, pour connaître et discerner le vrai crime qui viole les lois de la morale et de la société des prétendus crimes, qui ne froissent que les préjugés humains ; impassible pour haïr le crime sans haïr le criminel, pour imiter enfin dans la limite des forces humaines, Dieu dont elle usurpe le rôle. Toute justice qui ne se propose pas ce but est mauvaise, et ne peut patronner que de fausses théories ; erronée dans le but qu'elle poursuit, elle doit l'être dans les moyens qu'elle emploie. Vous m'opposez l'antiquité du système de l'assimilation, et la longue adhésion qu'il a obtenue ; examinons donc quelle est la justice qui a adopté ce système? Était-elle morale, était-elle impassible? remplissait-elle enfin ces conditions, sans lesquelles la justice n'est qu'une enseigne mensongère, qui cache la vengeance ; pouvait-elle même remplir ces conditions? Pour qu'une société puisse constituer une justice morale et impassible, il faut d'abord qu'elle connaisse la morale, il faut qu'elle aime et respecte l'homme, il faut enfin qu'elle soit forte, car la modération ne fut jamais l'apanage de la faiblesse ; une morale sévère une constitution forte, l'amour de l'humanité, telles sont donc les conditions que nous devons trouver dans une société pour y trouver aussi une justice digne de ce nom. L'antiquité qui nous a légué le système de l'assimilation, réunissait-elle le triple caractère d'être forte, humaine et morale?

D'abord, était-elle morale? Cette question évoque à notre mémoire ce brillant cortége de grands philosophes, qui ont honoré l'antiquité. Mais sans nous laisser éblouir par le vif éclat de ces grands génies, demandons-nous ce qui distingue leurs œuvres? Ce fut la raison et non le sens moral. Je ne veux point m'appesantir sur ces questions, mais n'est-il pas évident que la morale présuppose l'égalité? Quelle morale peut exister dans une société où l'homme est sacrifié à l'homme par d'iniques priviléges? la morale ne suppose-t-elle pas une notion claire du faux et de l'injuste? Voyez le plus honnête philosophe de Rome, Cicéron se demander si dans un naufrage il vaut mieux soulager le navire en détresse, en précipitant à la mer un cheval ou un esclave! Non, le bien et le mal n'étaient pas toujours nettement discernés. Voyez l'éclat et la profondeur du droit civil, qui discerne le vrai et le faux et l'infériorité du droit criminel, qui prononce sur le mérite ou le démérite des actions humaines!

L'antiquité était-elle humaine? Hélas! que de tristes exemples de cruauté barbare nous lègue cette époque! Humaines, les sociétés qui désignent par le même mot (hostis) l'étranger et l'ennemi; qui voient dans les droits de la famille, la puissance paternelle et maritale, non pas une protection, mais une propriété ; humaine enfin, les sociétés qui faisaient de l'égoïsme une vertu, qui ignoraient le mot et l'idée de fraternité !

Étaient-elle fortes ? Les sociétés antiques furent puissantes, je ne crois pas qu'elles aient été vraiment fortes parce qu'elles étaient immorales et inhumaines ! Menacées par l'insurrection incessante de ses victimes, accumulant les entraves et les rigueurs, parquant à perpétuité les générations dans la caste où elles étaient nées, les sociétés antiques ne pouvaient connaître le calme et la modération de la vraie force. Édifice brillant, somptueux, décoré par les arts, toujours paré pour une fête éternelle, mais toujours vacillant sur sa base instable, la grande tribu des esclaves et des opprimés ! Dans une pareille société, vous ne trouverez pas la justice, mais la passion. Point de juge qui ne soit à la fois juge et partie, et qui ne voie dans le criminel un ennemi personnel. Nous verrons dans la partie historique de ce travail, comment le système de l'assimilation reparut à l'époque de la renaissance. C'est que les traditions antiques envahissaient alors l'Europe, c'est que dans l'admiration si légitime que ce siècle éprouvait pour les arts et les lettres de Rome et d'Athènes, il accepta sans contrôle

dans son enthousiasme cette théorie criminelle, sur la foi seule de son origine ; mais
pourquoi ce système a-t-il persévéré si longtemps dans notre législation nationale ? Peut-
être sa rigueur extrême la fit-elle bien accueil-
lir dans un pays de centralisation absorbante
comme le nôtre ? L'erreur qui prend sa source
dans les passions violentes de l'humanité, est
toujours vivace. Que de temps il fallut pour
voir un homme dans un criminel ! N'est-ce pas
hier que Voltaire faisait abolir la torture, tandis que l'école de Beccaria, battant en brèche
les vieilles théories des criminalistes, prêchait
comme un nouvel Évangile ? Les législations
étrangères ont presque toutes aboli le système
de l'assimilation ; la réforme est presque généralement accomplie. N'est-il pas singulier que
la France soit le dernier asile de cette théorie
d'un autre âge ?

Nous le croyons donc, on ne prouve rien
quand on répète que le système de l'assimilation est aussi ancien que le monde. C'est rappeler une triste vérité, c'est dire que l'assimilation est le dernier reste de la barbarie.

On a produit un dernier argument en faveur
de la théorie du Code. On a dit : le complice est
aussi coupable que l'auteur ; on ajoute : il est
plus lâche. Nous ne reviendrons pas sur la
première proposition, qui n'est vraie que pour

lo coauteur. Examinons la seconde : j'avoue que ce reproche m'a toujours paru singulier. Voyez ce novice, qui fait le triste apprentissage du crime ; au moment fatal il tremble, il hésite et n'accepte qu'un rôle secondaire, sans avoir le courage d'obéir à ses compagnons, ni de les abandonner. Sans doute, vous épiez le remords, pour le fortifier, le remords, ce précieux allié de la loi au cœur de la place ennemie, vous félicitez cet homme, en qui parle encore la conscience, et vous lui tenez compte de ses scrupules pour l'encourager ! Non, vous l'appelez lâche, et le punissez avec la dernière rigueur. Lâche, parce que tu n'as pas frappé la victime, et que tu es resté à faire le guet ; lâche enfin, parce que tu as peur..... de verser le sang ! Qu'a donc coutume de dire l'assassin endurci à son complice timoré ? N'est-ce pas le même langage que le législateur tient ici, au nom de la loi ?

Arguments de nécessité sociale.

« Le complice est indispensable, dit-on, à
« l'auteur principal ; sans complice il n'y au-
« rait pas d'auteurs principaux. La complicité
« implique donc un grave danger pour la so-
« ciété. »

Je réponds : c'est confondre le complice

et le coauteur. Comment tenir ce langage sur un homme qui ne donne pas naissance au crime dont l'exécution eût été plus difficile, mais nullement impossible sans sa participation! Voilà la distinction qu'il ne faut jamais oublier. Le complice facilite le crime; le coauteur donne naissance au crime. Vous frappez le complice, vous augmentez les difficultés du crime, mais vous ne le rendez pas impossible.

Je puis donc répondre : la complicité n'est pas essentielle au crime, elle n'est qu'accessoire; donc elle ne saurait être frappée de la même peine que le crime lui-même qui pouvait s'accomplir sans son concours.

Autre objection : vous reconnaissez, dit-on, que l'auteur principal, laissé seul, doit tout préparer, tout exécuter, et vous avouez qu'un complice l'aide dans cette préparation et cette exécution du crime. Mais il fait plus, et c'est là le danger le plus grave pour la société : le complice aide l'auteur principal dans la dissimulation du crime; l'auteur, s'il est seul, figure dans une série d'actes dont l'enchaînement le compromet et met la justice sur sa trace. Avec des complices, il décompose le crime, le fractionne sur plusieurs têtes et le rend insaisissable. Ce n'est donc pas sur sa culpabilité seule, mais aussi sur le danger social qu'elle comporte que la complicité doit être punie. En un mot, elle doit être punie de la même peine que le crime lui-même, parce qu'elle compromet doublement la sécurité sociale en facilitant le crime, en le dissimulant. Reprenons ces deux arguments, et voyons si la société est menacée comme on le dit. Le but du complice est de faciliter le crime, nous le reconnaissons; mais nous ajoutons : le secours même que le complice apporte est une source de dangers. Je ne reconnais pas dans ce secours un danger social, car son concours complique singulièrement les dangers de l'association. Il faut, entre les divers auteurs, une parfaite entente, une égale résolution, une égale habileté, une stricte discipline. Ainsi, le complice, en facilitant le crime, le complique par là même. Comme son but est de faciliter le crime, je punis son concours criminel, mais je proportionne la peine à la faute, sans l'aggraver en me fondant sur un danger social. Sans doute, la société doit punir cette participation; mais, plus d'une fois, elle lui devra la non-réussite du crime.

On ajoute : le complice dissimule le crime aux recherches de la justice. Mais est-ce donc un moyen si sûr de garder un secret que de le confier aux autres? Le grand criminel le sait bien, il n'a jamais de complice, parce qu'il ne veut pas de confident. Donc, sous ce rapport, la société est encore autant sauvegardée que menacée par la complicité. Mais j'admets pour un instant l'argument : soit, le complice dissimule le crime et entrave l'action de la justice. Est-ce une raison pour assimiler le complice à l'auteur principal ? Si vous voulez connaître l'élévation de peine que ce danger social légitimerait, ouvrez le Code pénal, voyez les articles 268 et 359 infliger une peine maximum de deux ans d'emprisonnement au receleur du criminel ou du cadavre. Quelle distance la loi établit ici entre le crime et l'acte qui entrave la répression ? Je demande qu'elle soit conséquente.

Le danger social qu'on invoque est donc chimérique. Mais, quand même il existerait, croyez-vous pouvoir légitimer une peine par la simple nécessité sociale ? Les exigences de l'ordre public n'ont-ils pas une limite, la justice ? Je ne puis comprendre que l'intérêt social soit la définition de la justice, parce que je ne puis reconnaître à la société des droits sans lui impliquer aussi des devoirs. Ce qui est utile est-il donc toujours juste ? Revenons alors aux lois de Sparte qui noyaient les enfants difformes. Non, la science moderne a fait justice des théories utilitaires de Hobbes, de Bentham. Le jurisconsulte ne doit pas mériter le reproche de la couleuvre au laboureur :

Mes jours sont entre les mains, tranche-les ; la justice, c'est ton utilité (1).

Telle n'est point, je crois, la base du droit de « punir. L'homme, et par conséquent la société, « qui n'est qu'une agrégation d'hommes, sont à « la fois matière et esprit, et dans les règles « de leur conduite, ils ont ces deux principes « à satisfaire : le juste et l'utile (2). » Si nous abdiquons une partie de notre liberté, c'est pour jouir plus sûrement de l'autre. Ce qui nous reste d'indépendance alors est sacré, même contre la société. N'est-ce pas là le rôle sublime de la justice qui, placée entre le droit social et le droit individuel, en fait respecter les mutuelles et variables limites.

Ainsi je ne crois pas au danger social qu'on invoque contre la complicité ; je ne trouve pas d'ailleurs, dans la seule idée de ce danger, le fondement d'une pénalité plus élevée. Mais je dirai plus, le système de l'assimilation va contre son but, il est un danger grave contre la société, tandis que le système de la distinction protége l'ordre public.

---

(1) Ortolan, Élém. de dr. pén., n° 181.
(2)   Id.   Id.   n° 185.

La complicité est une association pour le crime. Dissoudre l'association, c'est supprimer le crime, c'est protéger l'ordre public. Or, notre théorie respecte, favorise et développe le plus puissant élément de dissolution : *l'inégalité des rôles*. Les rédacteurs du Code ont si bien compris que le système de l'assimilation excluait cet important élément de dissolution, qu'ils ont dû chercher un remède équivalent.

Hélas ! où l'ont-ils trouvé ? Lisez les articles 100, 108, 138, 284, 285, 288, qui assurent l'impunité au délateur.

Cette nécesssité où s'est trouvé le législateur de placer sous la savegarde de la loi l'acte infamant de la délation, n'est-elle pas une condamnation bien sévère de la théorie de l'assimilation ? N'est-il donc pas plus digne d'apaiser les ardeurs criminelles, au moment fatal, par la perspective d'une peine moins forte, que d'assumer cette double honte, d'accorder une prime à la délation en donnant l'impunité au crime ? La théorie de la distinction maintient au contraire l'inégalité des rôles et sauvegarde la société. En effet, chaque homme trouve en lui une notion instinctive d'équité, c'est qu'il sera puni, comme il aura péché, que la peine sera mesurée à la faute. Ce sentiment le pousse à refuser le premier rôle ; entraîné par de funestes conseils, parfois par la nécessité, le

complice est entré dans une association criminelle, mais novice peut-être dans le crime, il
se repent déjà ; le remords oppresse sa conscience, il veut fuir. Non, vous lui fermez la
porte ; vous lui dites : quelle que soit la part
que tu prennes désormais au crime, tu seras
également puni. Pourquoi hésiterait-il encore
à se charger du premier rôle ? la même peine
l'attend, quoi qu'il fasse ; que tout remords soit
donc étouffé ; qu'il descende dans l'abîme où
le précipite la loi ! La crainte, le remords,
l'inexpérience auraient pu faire refuser à des
gens égarés ou timorés les premiers rôles, et
rendant l'exécution du crime parfois impossible,
le recrutement des complices toujours difficile,
dissoudre l'association.

Mais que les organisateurs de sociétés criminelles se rassurent, la loi recrute pour eux. Ne
faut-il pas dire avec Beccaria : « Si les lois
« punissent plus sévèrement les exécuteurs
« du crime que les simples complices, il sera
« plus difficile à ceux qui méditent un attentat
« de trouver parmi eux un homme qui veuille
« l'exécuter, parce que son risque sera plus
« grand, en raison de la différence des peines.
« Ne faut-il pas vraiment s'écrier avec Rossi :
« Ne dirait-on pas une loi suggérée par des
« malfaiteurs ! »

DEUXIÈME PARTIE.

Période historique et droit comparé.

CHAPITRE Ier.

PÉRIODE HISTORIQUE.

§ 1er. — *Droit Romain.*

Il nous reste à jeter un coup d'œil sur la période historique et les législations étrangères. Les principes adoptés par l'antiquité en matière de complicité sont partout à peu près les mêmes : assimilation absolue du complice à l'auteur principal.

Nous savons par Ulpien que la Grèce admettait le principe de l'assimilation. Ulpien, dans la loi 15, *ad legem Corneliam de Sicariis,* nous transmet un texte grec ainsi conçu : ὁ ἐντειλά-μενός τινι φονεῦσαι, ὡς φονεὺς κρίνεται.

Du reste, sous le rapport du droit, Rome représente l'antiquité. Les jurisconsultes romains avaient admis entièrement le principe d'assimilation. Les Pandectes nous offrent sur la complicité des textes nombreux, parfois obscurs, souvent contradictoires. Il n'entre nullement dans notre programme d'aborder cette étude, de résoudre ces difficiles problèmes. Nous n'avons pas à étudier des législations étrangères dans leurs détails, nous ne nous préoccupons que de rechercher leurs principes généraux sur la complicité. Nous avons dit pourquoi il ne fait pas ranger dans les textes qui traitent de la complicité la loi Aquilia, qui n'est qu'une loi d'intérêt privé.

La même peine frappait, à Rome, les auteurs principaux (rei) et les complices (participes vel socii). En quoi consistait la complicité? Dans une assistance donnée *ope vel consilio.*

Nous n'examinerons pas comment il faut interpréter ces expressions ? S'agit-il d'une participation morale ? S'agit-il d'une participation matérielle ?

Il résulte de certains textes que le simple consentement, sans participation matérielle, était considéré comme un cas de complicité. Il semble toutefois que le conseil devait être suivi d'exécution. De même, le receleur était puni comme le complice.

Enfin, il ressort des textes, que nous n'avons

ni à expliquer ni à concilier, que le principe de l'assimilation du complice à l'auteur principal était incontestablement admis à Rome. Nous avons déjà dit les motifs et les raisons qui firent adopter ce principe injuste par les Romains.

§ 2. — *Lois germaines.*

Les lois germaines ne peuvent nous offrir qu'un intérêt médiocre par leur double caractère de férocité barbare et de peines pécuniaires. La loi germanique ne se préoccupait que d'une chose : frapper le coupable à tout prix. Peu scrupuleuse sur les moyens, elle avait adopté le plus expéditif, la responsabilité. Sept personnes prennent part à un banquet ; un meurtre est commis pendant l'orgie. Les survivants payent tous la composition pécuniaire ou doivent livrer le criminel, qu'ils aient participé ou non au crime. Nous retrouvons dans le droit féodal une solidarité analogue entre les seigneurs et leurs vassaux, ces derniers étant tous responsables du méfait commis par l'un d'eux, si le coupable n'est pas livré.

§ 3. — *Lois wisigothes, saliques, germaines.*

Il est difficile de formuler les principes que

le droit des barbares avait adoptés en matière de complicité. Les peines ne se rattachaient pas toujours à un système bien régulier. Cependant l'étude de ces lois suggère une réflexion importante : le principe de l'assimilation reparaît dans toutes les lois qui s'inspirent directement du droit romain; le principe de la distinction apparaît au contraire dans toutes les lois sur lesquelles ne s'exerce aucune influence romaine. La loi wisigothe, compilation du droit romain, formule très-nettement le principe de l'assimilation.

« Non solum ille, qui furtum fecit, sed etiam « quicumque conscius fuerit, vel potius ablata « sciens susceperit in numero furantium habeatur et *simili vindictæ* subjaceat. » (lois wisigothes, livre 7, titre 2, loi 5; recueil de Canciani, livre 3-4, page 144).

La loi salique divisait les agents du crime de meurtre en trois catégories et impliquait une amende ou *fredum* plus ou moins forte, selon la catégorie. Nous retrouvons ici le principe de la distinction (loi salique 41, 3; Pardessus, p. 366).

La loi galloise nous est connue par une remarquable compilation, ordonnée par le gouvernement anglais. Le droit gallois pose le principe de la distinction par de nombreuses divisions. Il distingue six complicités diverses en cas de meurtre, neuf, en cas d'incendie (*The venedotian, Code*).

§ 4. — *Époque Coutumière.*

Nous retrouvons dans cette époque l'influence de la renaissance du droit romain. Tout ce qui venait de Rome était accueilli avec enthousiasme, sur la foi de son origine. C'est dire que la théorie de l'assimilation régnait sans contradiction. Les criminalistes, imbus des idées romaines, sont unanimes sur ce point : Farinacius, Julius-Clarus, Mayard de Vouglans, Jousse.

De même, Beaumanoir dans la coutume de Beauvoisis assimile le complice à l'auteur principal ; Jean Boutellier dans son Grand Coutumier consacre un chapitre à la complicité et formule très-nettement le principe d'assimilation.

C'est dans le même sens que s'expriment les ordonnances royales. On a même prétendu que les Établissements de saint Louis frappaient plus sévèrement le complice que l'auteur principal.

« Fames qui sont avec murtriers et avec « larrons et les consentent, si sont à ardoir » (Établissements de saint Louis, ch. 32). La peine des larrons était d'être pendus et nous voyons que les femmes complices étaient brûlées. C'est

là un fait isolé qui ne doit pas être généralisé.
Nous citerons, dans notre législation, un fait
analogue, qu'une pareille interprétation déna-
turerait complétement.

L'art. 337 condamne la femme adultère à
l'emprisonnement, l'art. 338 condamne le complice à la prison et à l'amende. Faut-il en conclure que le complice est puni plus sévèrement
que l'auteur principal ? Cette conclusion pour
notre Code serait aussi fausse que pour les Établissements de saint Louis. Les deux législations
se bornent à poser le principe de l'assimilation.
— Il faut mentionner la célèbre ordonnance
du 22 décembre 1477 qui érige en complicité
le fait *de la non-révélation du crime.* C'est là
pourtant une des lois qui viennent apporter
leur concours d'adhésion à la théorie de l'assimilation. N'avions-nous pas raison de repousser l'argument de l'adhésion universelle
que ses partisans nous opposaient. Nous avons
déjà montré et nous verrons, d'abord que cette
adhésion est loin d'être universelle ; nous voyons
ici quelles honteuses adhésions il faut accepter.
Nous disions que l'assimilation avait été adoptée par des sociétés qui ne pouvaient connaître la justice morale et impassible. Il suffit de
citer cette ordonnance de 1477 ! Faut-il ajouter
qu'elle est de Louis XI ?

C'est le principe de l'assimilation que pose

encore l'ordonnance de Blois, mai 1579. Deux édits de Louis XIV appliquent ce principe, en matière de duel (1670, 1679). L'édit de 1670, qui prohibait les lettres d'abolition pour les duellistes, les interdisait même pour les complices.

§ 5. — *Droit intermédiaire.*

Louis XIV était mort, le grand siècle commençait pour les réformes sociales. La renovation du droit criminel marquait le premier triomphe de nos philosophes, et Beccaria condamnait la théorie de l'assimilation. Pourquoi la révolution française n'accepta-t-elle pas cette réforme pénale dans toute son étendue? Pourquoi la théorie de l'assimilation trouva-t-elle place dans le Code de la constituante?

Nous l'avons dit, la justice doit être morale, impassible, et pour cela, la société doit être non-seulement morale et humaine, mais elle doit être aussi fortement constituée. C'est cette dernière qualité qui manquait à la révolution française.

Née en un jour de bataille, menacée par la double et terrible coalition de ses ennemis intérieurs et extérieurs, elle fut séduite naturellement par l'apparente sévérité de la théorie de l'assimilation et crut y trouver une sécurité plus grande. Le Code de 1791 n'était d'ailleurs qu'une ébauche de législation pénale. Il ne traitait pas de la complicité des délits, il ne traitait même pas de la complicité par recel, puisqu'il fallut faire une loi spéciale pour atteindre les receleurs de Cadoudal (29 fév. 1804).

Le Code de 1810, monument plus complet de législation pénale, pouvait introduire cette réforme. Il consacra cependant de nouveau la théorie de l'assimilation. Faut-il s'en étonner? Ici encore, l'apparence de sévérité devait séduire un gouvernement fort, puissant, ennemi et soucieux de toute résistance. Le régime impérial sanctionna donc le système de l'assimilation : « N'est-ce pas une vérité historique, « que toute révolution politique a son contre-« coup dans les institutions pénales et y laisse « toujours quelque chose du sien? (1) »

Nous avons terminé cette revue de l'histoire de la complicité. Elle renferme pour nous une leçon précieuse, ainsi que nous l'avons annoncé. L'assimilation est née dans l'antiquité, à Rome. Nous en avons dit les tristes causes. Lorsque nous la retrouvons dans une législation pénale, l'histoire que nous venons de tracer nous montre toujours soit une législation née dans des temps de trouble, de violence, de

---

(1) Ortolan, Élém. de dr. pén., page 78.

lutte, soit une législation asservie à l'imitation romaine.

CHAPITRE II.

DROIT COMPARÉ.

Notre étude sur les législations étrangères n'a point pour but de les analyser en détail, mais seulement de rechercher les principes généraux qui les régissent. On peut distinguer trois écoles, sous lesquelles viennent se grouper les législations diverses de chaque pays :

École de l'assimilation;

École mixte;

École de la distinction.

§ 1er. — *École de l'assimilation.*

Louisiane. — M. Livingston, dans le projet du Code pénal de la Louisiane, distingue trois catégories d'agents. Que les participants aient été la cause immédiate du crime ou non, c'est-à-dire qu'ils soient auteurs principaux ou complices, ils sont punis de la même peine, mais, toutefois, l'assimilation s'arrête là; car les agents postérieurs sont punis d'une peine beaucoup plus légère sous le nom de participants accessoires.

États-Unis (New-York). — Le système adopté

est à peu près le même que celui de la Louisiane : même peine pour les participants antérieurs ou contemporains de toute nature, abaisse-
sement de la peine pour les participants
postérieurs.

Deux-Siciles. — La même sévérité, la même
rigueur règnent dans le Code pénal des Deux-
Siciles. L'art. 74 pose le principe de l'assimilation de tous les participants entre eux. Cependant, il est digne de remarque que cette
législation a reculé devant toutes les conséquences du principe, car la peine des circonstances aggravantes n'est encourue que par celui
qui les a connues (art. 76, 77). Tant est vrai
cette singularité, qu'à notre Code seul était
réservée non-seulement l'application, mais
l'exagération de cette théorie.

§ 2. — *École mixte.*

Angleterre. — La législation anglaise est remarquable à plusieurs égards. Nous y signalons
avec plaisir une distinction qui se rapproche
déjà de la division que nous avons établie. On
distingue les participants principaux qui exé-
cutent le crime et les participants accessoires
qui ont aidé à l'exécuter. Nous trouvons ensuite
une autre subdivision : participants au premier
degré ou auteurs matériels du crime ; partici-

pants au deuxième degré, qui, tout en exécutant matériellement le crime, n'ont joué qu'un
rôle secondaire. Les participants principaux du
premier et du second degré sont punis de la
même peine, sauf que la peine de mort est
commuée en celle de la déportation pour ceux
du second degré. Nouvelle subdivision des participants accessoires : le premier degré désigne
les participants antérieurs, le second ceux qui
sont postérieurs. Seul, le participant accessoire
du premier d   ré subit la peine du participant
principal, avec abaissement toutefois dans certains cas. La peine est toujours inférieure pour
le second degré. Si nous analysons cette théorie mixte, nous y retrouvons le système de la
distinction dans la division du participant,
principal et accessoire ; le système de l'assimilation dans l'application de la peine, qui, par
une bizarre inconséquence, est presque toujours la même pour le participant principal et
accessoire. Nous y retrouvons enfin une mé-
thode spéciale ; car la base de la distinction
entre l'auteur et le complice n'est pas le fait
d'avoir causé ou facilité, mais le fait d'avoir
exécuté ou préparé le crime. Cette théorie repose sur la distinction suivante :

La préparation est encore bien loin de l'exécution. D'ailleurs, c'est dans la perpétration
même du crime, dans les détails horribles et

révoltants qui l'accompagnent, qu'on reconnaît le criminel le plus endurci !

D'ailleurs, le but de la loi n'est-il pas d'empêcher l'exécution du crime? Q'importe la préparation, le projet, s'il ne se trouve pas d'exécuteurs ; et comment en trouver facilement, si la loi les frappe sévèrement? Cette théorie est ingénieuse, mais la réponse, je crois, est facile. Je me bornerai à poser l'hypothèse suivante : Je forme le projet d'un crime ; je recrute les agents, je fournis tous les moyens d'exécution, je suis l'âme du crime ; mais si je m'abstiens de paraître à l'exécution, je serai moins puni que le moindre des complices chargés de faire le guet. C'est là une conséquence logique, mais déplorable de cette théorie. Les principes, d'ailleurs, la condamnent aussi bien que la pratique.

Pour exécuter, dites-vous, il faut du sang-froid et, par conséquent, de l'habitude ; je réponds que le sang-froid vient souvent, en pareil cas, d'une brutalité et d'une insensibilité naturelles. Celui qui prépare tout et agit par autrui, celui-là a d'abord la même perversité que l'exécuteur ; de plus, il a l'habileté ; or, l'habileté dans le mal est une perversité nouvelle. Le dévouement du cœur joint à une conscience mal éclairée, n'ont souvent pas reculé devant le crime ; qui est donc plus coupable, de la victime égarée d'un dévouement, parfois noble et généreux, ou de la froide intelligence qui fomente, pour en abuser, le fanatisme ?

Je ne veux point prouver que le préparateur sera toujours plus coupable que l'exécuteur. Il me suffit d'établir, ce qui est, je crois, incontestable, qu'il peut l'être quelquefois.

J'arrive, en effet, à cette conclusion :

Si le préparateur est tantôt plus, tantôt moins coupable que l'exécuteur, il n'y a pas de règle fixe sur ce point, vous devez nécessairement laisser au juge une certaine latitude d'appréciation ; or, votre législation refuse cette latitude, votre théorie place une règle fixe là où la nature est variable.

Il me reste à examiner un dernier principe, sur lequel s'appuie la théorie anglaise. Qu'importe, dit-on, la préparation ; elle est sans danger, si elle n'est pas suivie d'exécution. Nous retrouvons la même doctrine en Italie, où elle est professée par Carmignani (*Theoria delle legi della sicurezza sociale*) ; la participation morale est toujours accessoire, la participation matérielle toujours principale. Non, il ne faut pas fermer les yeux sur la préparation du crime, car ce serait s'attacher à l'effet, sans remonter à la cause. Serait-elle donc sans danger, cette sécurité du criminel, qui lui ferait préparer longuement le crime, ourdir avec ait sa trame perfide, sous la protection, en quelque sorte, de la loi, si bien que la justice arriverait souvent trop tard pour déjouer l'exécution ?

§ 3. — *École de la distinction.*

Brésil. — La peine du complice est la peine de l'auteur, mais bien adoucie. Les peines perpétuelles sont abaissées d'un degré ; le peines temporaires et pécuniaires sont réduites au tiers.

Autriche. — La participation indirecte est moins punie que la participation directe ; mais si nous applaudissons au système de la distinction, formulé par le Code, nous ne pouvons que déplorer l'art. 103, qui érige en fait de complicité la non-révélation du crime. Triste indice de l'instabilité d'un pouvoir qui redoute les attaques au point d'en poursuivre la répression par l'espionnage et la trahison !

Prusse. — Le Code prussien établit une grande division : les auteurs immédiats, qui donnent naissance au crime, et les auteurs médiats, qui facilitent l'exécution du crime. C'est la théorie que nous avons nous-même exposée.

Saxe. — Nous trouvons ici une triple distinction : l'auteur et les participants aussi coupables que l'auteur, parce que sans leur participation le crime ne se serait pas accompli ; en un mot, les coauteurs, et enfin les participants moins coupables, qui n'ont fait que faciliter le crime, c'est-à-dire les complices.

Belgique. — Le Code belge reproduit, avec nos propres expressions, cette triple division. Il distingue : 1° l'auteur ; 2° le coauteur ; 3° le complice.

Brunswick, Hesse, Bade. — Nous ne citerons que pour mémoire ces législations, qui ont entièrement adopté les mêmes principes et les mêmes divisions.

Wurtemberg, Hanovre. — Le principe de la distinction est nettement formulé par ces législations dans une triple division : 1° auteurs ; 2° complices ; 3° fauteurs ou participants postérieurs. Signalons, toutefois, une lacune qui nous paraît dangereuse.

Le Hanovre et le Wurtemberg ne voient un complice que dans celui qui exécute la résolution d'autrui et qui n'a pas eu la pensée première du crime. Il est incontestable, croyons-nous, que tel participant accessoire, qui n'a point conçu la pensée première du crime, pourra néanmoins apporter un concours d'une importance telle, qu'il sera coauteur et devra assumer la pleine responsabilité du crime.

Nous avons terminé cette revue rapide des

législations étrangères. Nous pouvons, je crois, en tirer les conclusions suivantes :

La théorie de l'assimilation a été rarement adoptée par les Codes étrangers; l'application même de cette théorie semble protester contre son adoption, car aucune législation ne s'est résolue à être logique et à appliquer le système jusque dans ses dernières conséquences, triste privilége réservé à notre Code. L'école mixte compte un remarquable système. Nous espérons avoir démontré que l'Angleterre n'a pu, sans graves inconvénients, n'accomplir qu'une demi-réforme, et que si sa théorie se recommande par les heureux emprunts qu'elle a faits au système de la distinction, elle pèche par un alliage inconséquent de deux théories contradictoires. L'école nombreuse de la distinction nous a prouvé combien la réforme que nous demandons a été généralement applaudie et adoptée à l'étranger. Il y a là une adhésion imposante des nations civilisées qu'on peut, je crois, opposer avec succès à l'antiquité objectée du système de l'assimilation.

TROISIÈME PARTIE.

Complicité au point de vue pratique.

———

AVANT-PROPOS.

La complicité est régie par les art. 59, 60, 61, 62, 63. L'art. 59 pose le principe de la pénalité.

L'art. 60 traite de la complicité proprement dite, de la participation antérieure ou concomittante, morale ou matérielle.

Les art. 61, 62, 63 traitent des actes postérieurs au crime, du recel. Nous examinerons d'abord le principe posé par le Code sur la complicité (art. 59); nous aborderons ensuite l'explication de l'art. 60; nous étudierons la théorie du Code dans ses applications pratiques (chap. Ier). Après avoir cherché la solution de certains problèmes spéciaux de complicité (chapitre II), nous verrons quelles exceptions (chapitre III) et quelles atténuations (chap. IV) le Code apporte au principe d'assimilation. Nous verrons si le remède peut corriger le mal ; nous espérons démontrer que la théorie de l'assimilation est aussi défectueuse au point de vue pratique qu'elle nous a semblé l'être au point de vue théorique. Nous étudierons enfin la procédure de la complicité (chap. V). Là devrait se borner cette étude sur la complicité, mais il nous restera à étudier, dans les art. 61, 62, 63, les actes postérieurs au crime, la question du recel (chap. VI), qui devrait être complétement étrangère à la question de complicité, et qui ne s'y trouve réunie que par une erreur étrange des rédacteurs du Code pénal.

CHAPITRE Ier.

COMMENTAIRE DES ART. 59, 60 DU CODE PÉNAL.

SECTION Ire.

ARTICLE 59. — « *Les complices d'un crime ou « d'un délit seront punis de la même peine que « les auteurs mêmes de ce crime ou de ce délit, « sauf le cas où la loi en aurait disposé autre- « ment.* »

Ces mots de l'article : *seront punis de la*

même peine, indiquent que la pensée évidente du législateur a été d'assimiler complétement le complice à l'auteur principal. Nous connaissons déjà ce principe, nous l'avons longuement discuté, nous n'y reviendrons pas. En étudiant l'art. 60, nous jugerons son application pratique ; nous verrons que la jurisprudence n'a appliqué ce principe si dur qu'avec répugnance et qu'elle a toujours reculé devant plusieurs de ses conséquences. Les cas où la loi n'a pas frappé de la même peine les auteurs et les complices sont énumérés dans les articles 63, 67, 100, 102, 107, 108, 114, 116, 138, 144, 190, 213, 267, 268, 284, 285, 288, 293, 415, 438, 441 du Code pénal. Nous avons consacré un chapitre spécial à ces exceptions. Il faut ajouter encore certaines causes d'atténuation que nous étudierons plus tard (chapitre IV). Remarquons que les mots : « *seront* « *punis de la même peine,* » n'impliquent pas des peines de même durée, ni même tout à fait du même genre, parce que l'application des circonstances atténuantes peut les abaisser d'un ou deux degrés. En matière de dommages et intérêts, le complice est solidairement tenu avec l'auteur. Telle est la décision irréprochable de l'art. 55 du Code pénal, combiné avec l'art. 156 du tarif criminel du 18 juin 1811.

Notons ensuite une contradiction de la loi.

L'art. 59 ne parle pas des contraventions; le complice d'une contravention reste donc impuni. Pourquoi cette omission? La pensée du législateur me paraît claire et peut se traduire ainsi : la contravention est une faute très-légère; le complice étant moins coupable que l'auteur, sa culpabilité, en atière de contravention, est insaisissable. Ce raisonnement contient l'aveu que le complice ne peut être assimilé à l'auteur pour la peine, et implique par là même la condamnation de la théorie de l'art. 59. On ne peut m'objecter que je prête au législateur une pensée qu'il n'a pas eue, car s'il juge le complice aussi coupable que l'auteur, pourquoi punir l'auteur et laisser le complice impuni?

Mais si l'assimilation du complice à l'auteur est complète, on peut se demander quel intérêt pratique il peut y avoir à distinguer l'auteur du complice. Voici cet intérêt : pour la pénalité, l'auteur sert de type; les circonstances aggravantes sont examinées en sa personne seule; pour la procédure, c'est sur l'auteur que se posent les questions du fait principal et les questions de circonstances aggravantes.

On ne saurait concevoir la complicité en l'absence d'un fait principal qui ne soit constant. C'est ce que nous dit le plus simple raisonnement; c'est ce que nous prouverait, au

besoin, le texte de l'art. 60, *in fine* : « Sans
« préjudice des peines qui seront portées par
« le présent Code contre les auteurs de com-
« plots ou de provocations attentatoires à la
« sûreté intérieure ou extérieure de l'État,
« même dans le cas où le crime, qui était
« l'objet des conspirateurs ou des provocateurs,
« n'aurait pas été commis. »

Le Code pose là évidemment une exception
au droit commun.

Quel est le droit commun ? C'est que sans
un fait principal qui soit constant, il ne peut y
avoir complicité.

Tentative. — Que faut-il décider sur la tentative ? Il semble résulter du principe que nous
venons de poser, qu'en présence d'un fait tenté
et non exécuté, il ne peut être question de
complices.

Mais les art. 2 et 3 du Code pénal assimilent
au crime et parfois au délit la simple tentative ;
ces articles modifient donc notre principe. La
jurisprudence s'est prononcée en ce sens là.
La Cour de cassation (6 février 1812) a décidé
que la complicité de la tentative était punissable. MM. Chauveau et Hélie observent avec
raison qu'une pareille complicité ne peut être
punie, qu'autant que la tentative présente elle-
même tous les éléments requis par la loi pour
qu'elle soit criminelle.

La Cour de cassation, tout en punissant la complicité de la tentative, a décidé (4 décembre 1812, 15 septembre 1836) qu'en l'absence de toute disposition légale, on ne saurait punir la tentative de la complicité. Nous critiquerons cette décision absolue. Il nous semble difficile de poser une règle absolue sur une question de fait, qui peut tant varier. Il est vrai que la complicité peut être parfois si peu importante, que la simple tentative n'aurait qu'une culpabilité dérisoire. Mais il n'en sera pas toujours ainsi. Un complice s'engage à tenir la victime pendant le meurtre; la victime se dégage de ses étreintes et terrasse ensuite le meurtrier. Voilà une tentative de complicité, qui me paraît ne pas devoir rester impunie. En cette matière, il nous semble donc que toute appréciation doit être laissée au juge.

Telles sont les exceptions qu'il faut apporter à ce principe que la complicité suppose un fait principal constant.

Acquittement, fuite, décès. — Il n'est pas nécessaire que l'auteur principal soit frappé, pour que le complice puisse être puni. Dès que le fait principal est constant, l'impunité de l'auteur, pour cause de fuite, de décès, ne peut profiter au complice. C'est ce qu'a décidé la Cour de cassation (3 septembre 1847). En cas de décès, on a opposé à cette décision l'art. 2

du Code d'instruction criminelle. Il est bien vrai que la mort du prévenu éteint l'action publique, mais l'art. 2 ne dit pas que l'existence du crime ou délit ne pourra plus être constatée. L'acquittement de l'auteur principal ne doit pas non plus profiter au complice, quand il n'est pas motivé sur ce qu'il n'y a pas de crime. La Cour de cassation (3 décembre 1836) a décidé avec raison, que la question de culpabilité des autres agents restait entière. En effet, rien ne prouve que le jury n'ait pas douté de la culpabilité ou de l'identité de l'auteur, tout en reconnaissant le fait incriminé comme constant et comme prévu par la loi pénale.

Il faut regretter à cet égard la législation du Code de l'an IV. La réponse du jury, aujourd'hui complexe, était alors décomposée, et ne laissait subsister aucun doute. Il en est de même de l'absolution. Il faut distinguer le motif sur lequel elle est fondée : « Celui qui pro- « voquerait, a dit Merlin, un enfant ou un fou « à commettre un homicide, ne pourrait pro- « fiter de l'absolution prononcée en faveur de « celui-ci. »

Grâce, amnistie. — Il nous reste à examiner l'effet de la grâce et de l'amnistie. La grâce est personnelle et ne profite qu'à celui qui la reçoit. L'amnistie, au contraire, efface le passé, et fait considérer le crime comme non avenu.

Par conséquent, elle s'étend non-seulement à l'acte principal, mais à tous les actes accessoires. C'est ce qu'a décidé la Cour de cassation (6 janvier 1809). Voici le texte de l'arrêt :
« On ne peut supposer que la loi du 24 flo-
« réal an v, déclarant amnistié le délit prin-
« cipal, il ait été dans l'esprit des législateurs
« de faire poursuivre les délits qui lui sont né-
« cessairement accessoires, et les complices
« d'un fait que la loi ne regarde plus comme
« un véritable délit. »

Toutefois il est clair, que les actes accessoires, dont il est question, doivent se rattacher à l'acte principal par un lien quelconque. C'est ce que décide la Cour de cassation dans un autre arrêt.

« Attendu que si l'amnistie peut être éten-
« due aux faits de complicité, ce n'est que
« lorsque ces faits ne prennent de caractère
« criminel que par la criminalité du fait prin-
« cipal, qu'ils tendent à favoriser (Cass.,
« 10 mai 1811). »

CHAPITRE Ier.

Commentaire des art. 59, 60 du Code pénal.

SECTION II.

Article 60. — « Seront punis comme com-

« plices d'une action qualifiée crime ou délit,
« ceux qui, par dons, promesses, menaces,
« abus d'autorité ou de pouvoir, machinations
« ou artifices coupables, auront provoqué à cette
« action ou donné des instructions pour la
« commettre. — Ceux qui auront procuré des
« armes, des instruments, ou tout autre moyen
« qui aura servi à l'action, sachant qu'ils de-
« vaient y servir; — ceux qui auront, avec
« connaissance, aidé ou assisté l'auteur ou les
« auteurs de l'action, dans les faits qui l'au-
« ront préparée ou facilitée, ou dans ceux qui
« l'auront consommée; sans préjudice des
« peines qui seront spécialement portées par le
« présent Code contre les auteurs de complots
« ou de provocations attentatoires à la sûreté
« intérieure ou extérieure de l'État, même dans
« le cas où le crime qui était l'objet des cons-
« pirateurs ou des provocateurs n'aurait pas
« été commis. »

Les trois alinéas de l'art. 60 nous indiquent
la triple division que nous suivrons. Nous distinguerons avec le Code : alinéa premier, une
participation antérieure intellectuelle; alinéa
second, une participation antérieure matérielle; alinéa troisième, une participation con-
committante. Nous verrons enfin que le troisième alinéa de notre article renferme et soulève dans un mot une des questions les plus

difficiles, la question des circonstances aggravantes et des excuses que nous étudierons en
dernier lieu (§ 4).

§ 1. — *Premier alinéa. — Participation antérieure intellectuelle.*

« Seront punis comme complices d'une ac-
« tion qualifiée crime ou délit, ceux qui, par
« dons, promesses, menaces, abus d'autorité
« ou de pouvoir, machinations ou artifices
« coupables, auront provoqué à cette action
« ou donné des instructions pour la com-
« mettre. »

Le Code ne définit pas, il énumère. Son énumération est limitative. De là, une première
conclusion à tirer, qui sera pour toujours notre
règle de conduite. Puisque le Code est rigou-
reux dans ses termes, nous devons procéder
dans notre commentaire avec la même rigueur
et exclure toute interprétation par voie d'a-
nalogie.

Le Code établit une grande division dans les
cas de participation intellectuelle antérieure :
les provocations et les instructions. C'est sous
ces deux types qu'il groupe les cas divers qu'il
énumère. Adoptons cette distinction et suivons
le Code pas à pas. Notre premier soin est de
chercher à bien saisir le sens et la portée des

expressions employées par le Code. Malheureusement cette tâche n'est pas des plus faciles; rien de plus vague, de plus indéfini, de plus controversé que la signification des termes de notre article. Chaque mot à cet égard va nous présenter des difficultés graves, non-seulement par son sens douteux, mais par la gravité des questions qu'il soulève. Il nous faut donc commenter chaque alinéa mot à mot.

Instructions, provocations. — A Rome, la provocation avait déjà le caractère de complicité. Le Code de 1791 lui assigne le même caractère. Le Code de 1810 lui donne plus d'extension et en même temps la définit plus rigoureusement.

Les moyens d'influence sont strictement énumérés par notre alinéa. Quels sont-ils? Nous rattachons au mot « *provocations* » toutes les expressions de *dons, promesses, menaces, abus et autorité ou de pouvoir, machinations, artifices coupables*. On ne peut manquer de m'objecter qu'aucun mot ne se rapporte alors aux *instructions*, second terme de la division du Code. Je l'avoue, et cela pour les motifs suivants. Sans doute, si je consulte la grammaire, l'expression *instructions* vise les *dons, promesses*, etc.; mais aucun fait de cette énumération ne cadre avec l'idée *d'instructions*. Je ne pourrais rattacher à cette expression que *l'abus d'autorité;* elle signifierait alors ordre détaillé. Le mot *instructions* a-t-il un sens aussi restreint? Je ne le crois pas. Rien ne me serait plus arbitraire que de choisir à son gré dans l'énumération de l'alinéa les seuls faits qui puissent cacher avec l'idée *d'instructions.* D'ailleurs on n'aboutit ainsi qu'à un pléonasme. Je ne vois pas de différence au point de vue de la complicité entre un ordre et un ordre détaillé. Car le développement d'un ordre suppose déjà que l'ordre a été donné, seul point essentiel à la question de complicité. Si notre conclusion est qu'il ne faut rapporter au mot *instruc-tions* aucun des faits énumérés par l'alinéa, cette expression doit être prise dans le sens de renseignements. J'ai déjà donné les motifs de cette interprétation; je n'y vois d'autre inconvénient que d'imputer aux rédacteurs du Code un vice de construction grammaticale, péché bien fréquent chez les rédacteurs du Code. Je trouve d'ailleurs un intérêt pratique à cette traduction. MM. Carnot, Chauveau et le Sellyer, veulent avec beaucoup de raison, que le jury ne se borne pas à mentionner l'existence des instructions, mais ajoute qu'elles ont été données avec connaissance du délit prémédité. Avec notre interprétation, cette doctrine me semble facile à suivre. M. Dalloz la critique en alléguant qu'on ne peut donner des *instruc-*

tions sans connaissance. Cette critique est juste si le mot *instructions* signifie ordre détaillé, mais elle est sans valeur si on adopte le sens de renseignements. Prenons un exemple: Je puis indiquer en toute innocence à un criminel qui m'est inconnu une solution de continuité dans une enceinte et lui révéler ainsi une issue pour sa fuite, tout en ignorant ses projets criminels.

Nous dirons donc que le Code admet deux espèces de participation intellectuelle antérieure provoquer, renseigner.

Passons aux diverses manières de provoquer. Point de difficulté pour comprendre le sens des mots : *dons, promesses, menaces.* Il n'en est pas de même des autres termes.

Abus d'autorité. — Que faut-il entendre par cette expression? Nous l'avons déjà dit, nous devons procéder avec la même rigueur que le Code et éviter les analogies. Ainsi, nous écarterons d'abord des cas de complicité le simple conseil. La jurisprudence est unanime sur ce point. (Cassation 24 nov. 1809, 2 juillet 1813, 28 juin 1826, 5 février 1821).

Nous repousserons de même avec la jurisprudence le seul consentement (cass. 28 thermid. an XI). Ceci est important pour comprendre la portée de notre expression. L'abus d'autorité ne pourra constituer un cas de complicité que s'il a pesé fortement sur la volonté du criminel. C'est une appréciation à faire de l'autorité du commandant et de la soumission du commandé.

D'après la théorie du Code pénal, qui assimile et confond la participation principale et accessoire, ce sera la seule considération pour le juge. Dans le système de la distinction, nous devions établir une distinction. Le provocateur a-t-il suggéré, inspiré la pensée du crime? Est-il évident que le criminel, sans ses instigations, n'eût jamais conçu la pensée du crime? Le provocateur sera alors coauteur, puisque sa participation est telle, que le crime n'eût pas existé sans elle? Au contraire, si le provocateur n'a fait que fortifier la pensée déja conçue et arrêtée du crime, il ne sera que complice. Il est des cas où le commandant, loin d'être complice, sera auteur et même seul auteur. Tel est, pensons-nous, le cas d'obéissance militaire.

Ici, il ne s'agit plus d'une pression opérée sur la volonté du criminel, toute liberté d'action est annihilée chez le commandé. Chez nous, l'éducation du soldat semble ne concourir qu'à un seul but, lui inculquer la conviction qu'il n'est qu'une machine, qu'il doit obéissance aveugle à son chef non-seulement à l'étranger contre l'ennemi, mais dans sa patrie contre son concitoyen. Je suppose que demain en pleine paix et en l'absence totale de tout trouble civil, un officier voulant satisfaire une vengeance, fasse prendre les armes à quatre soldats et les conduisant dans une maison, leur ordonne d'en fusiller les habitants. Point de doute que l'ordre ne soit exécuté ponctuellement. Le soldat, sût-il parfaitement qu'il est l'instrument de la vengeance infâme de son chef, n'aura rien à objecter, point d'explications à demander, il ne pourra refuser de verser le sang, fût-ce d'un vieillard, d'une femme, d'un enfant, sans violer ce qu'on lui a enseigné être son premier devoir, l'obéissance passive envers et contre tous, s'   'aire même le sacrifice de sa propre vie.

La loi militaire est formelle. Lisez l'article 217 : « Sont considérés comme en état de ré- « volte et *punis de mort* : 1° les militaires sous « les armes, qui, réunis au nombre de quatre « au moins et agissant de concert, refusent à « la première sommation d'obéir aux ordres « de leur chef. »

Ajoutons que, d'après l'article 99 du Code militaire, le général commandant la division militaire aurait *seul* pouvoir de saisir le conseil de guerre d'un pareil forfait et qu'il peut, en faveur d'un parent, d'un ami, arrêter court le procès et refuser toute justice aux parents, aux amis de la victime et à la société outragée.

Il peut déchirer la plainte, l'acte d'accusation, sans en donner aucune raison, sans recours possible même au ministre de la guerre. Le projet primitif du Code militaire contenait un tempérament à ce régime arbitraire qui n'a pas été maintenu. On a supprimé le dernier paragraphe de l'article 128 ainsi conçu :

« Lorsque le général commandant estimera « qu'il n'y a par lieu d'informer, il en référera « au ministre de la guerre, qui statuera. » Nous avons cherché dans la discussion du Code militaire, quels arguments on avait pu présenter pour légitimer cette suppression. M. le maréchal Pélissier s'est exprimé en ces termes :

« Qui oserait dire que l'honneur des familles « sera compromis par la faculté donnée au « général de poursuivre ou de ne pas pour- « suivre selon les éléments de décision qu'il « aura sous les yeux ? Et ne serait-ce pas la « plus grave injure qui pourrait être faite à « l'homme revêtu du commandement, armé pour « la défense des lois et la protection des ci- « toyens, que de douter qu'il puisse manquer « au premier de ses devoirs ? » Ces arguments, qu'il me soit permis de le dire, me paraissent très-peu juridiques. La loi doit donner aux citoyens d'autre sauvegarde que la conscience et la vertu des hommes. On ne prouve pas qu'un crime est impossible parce qu'il est très-grand.

Que l'hypothèse que nous avons posée puisse arriver fréquemment, là n'est point la question, il suffit qu'elle soit possible, que l'impunité même lui soit accordée pour la rendre plus dangereuse encore, pour que nous insistions, non pas pour critiquer le Code militaire, que nous n'étudions pas, mais pour décider que c'est là un cas de provocation par abus d'autorité où le provocateur est, non-seulement auteur, mais seul auteur, et que les tristes victimes de la loi militaire ont assez prouvé par leur soumission que tout libre arbitre était étouffé en leur âme.

En dehors de la loi militaire, je ne vois dans l'ordre donné par un supérieur qu'un conseil appuyé sur une autorité respectable. Être une machine, n'est le privilège que du soldat. Le citoyen même, dans l'exercice des fonctions qui lui sont conférées, conserve toute sa responsabilité au point de vue pénal; s'il commet un crime sur l'ordre de son supérieur, il sera auteur, le chef ne sera que complice.

Entre le militaire et le fonctionnaire civil se placent certains agents d'un caractère mixte, participant à la fois de la carrière militaire et civile, tel est le corps de la gendarmerie. Il n'est pas sans intérêt de se demander par quels principes sera régie ici la complicité, dans le cas de provocation par abus d'autorité. L'art. 59 du Code militaire est ainsi conçu :

« Les officiers de la gendarmerie, les sous-
« officiers et les gendarmes ne sont pas justi-
« ciables des conseils de guerre pour les crimes
« et délits commis dans l'exercice des fonctions
« relatives à la police judiciaire et à la cons-
« tatation des contraventions en matières ad-
« ministratives. »

L'art. 576 du règlement de la gendarmerie
(promulgué le 11 avril 1854) est ainsi conçu :
« Section VII. Crimes et délits commis par la
« gendarmerie art. 576 : Les officiers, sous-
« officiers et gendarmes sont justiciables des
« tribunaux ordinaires et des Cours d'assises,
« pour les délits et crimes commis hors de
« leurs fonctions ou dans l'exercice de leurs
« fonctions relatives au service de police ad-
« ministrative et judiciaire dont ils sont char-
« gés, et des tribunaux militaires pour les délits
« et crimes relatifs au service et à la discipline
« militaire. » Nous avons décidé que le provocateur par abus d'autorité dans les fonctions
civiles, était tantôt coauteur, tantôt complice,
mais jamais seul auteur, tandis que dans les
fonctions militaires, il était seul auteur. Que décider en pareil cas, du gendarme qui commet un
crime dans l'exercice de ses fonctions? Point de
doute que le Code militaire ne s'applique en ce
qui concerne les fonctions militaires de la gendarmerie. Ce corps fait partie de l'armée. Nous

lisons en effet dans l'art. 2 du règlement : « Le
« corps de la gendarmerie est une des parties
« intégrantes de l'armée, les dispositions géné-
« rales des lois militaires lui sont applicables,
« sauf les modifications et les exceptions que
« son organisation et la nature mixte de son
» service rendent indispensables. »

L'art. 2 vient de nous le dire : les fonctions
son mixtes, et dans certains cas la loi militaire
ne sera pas appliquée. Si les fonctions sont
mixtes, c'est qu'elles sont à la fois civiles et
militaires, et s'il y a des exceptions à l'application de la loi militaire, c'est évidemment dans
l'exercice des fonctions civiles. Or, l'art. 59 du
Code militaire et l'art. 576 du règlement nous
expliquent ces cas : Ce sont les fonctions de
police administrative et judiciaire. Que faut-il
entendre par là ? Notons d'abord que le gendarme n'est pas officier de police judiciaire.
Cette qualité n'est dévolue qu'à l'officier de
gendarmerie par l'art. 9-7° du Code d'instruction criminelle. Nous aurons recours au règlement de la gendarmerie pour connaître l'é-
tendue des fonctions de police judiciaire et
administrative.

Le service ordinaire des brigades est réglé au
chapitre I du titre IV. La section I est intitulée :
Police judiciaire et administrative, et définit les
fonctions de la gendarmerie. Mais nous voyons

après que la section II est intitulée : *Police des roules et campagnes*. La section III est intitulée : *Police militaire*. Faut-il envisager la police des routes et campagnes comme étant de même nature que la police judiciaire et administrative? Nous adoptons l'affirmative; sans doute, les termes de l'article 576 ne soumettent aux tribunaux ordinaires que les délits et crimes commis dans les fonctions de police judiciaire et administrative; mais, d'un autre côté, il ne soumet aux tribunaux militaires que les crimes et délits commis dans l'exercice des fonctions de police militaire. En présence de l'omission de la police des routes et campagnes, il n'y a donc pas d'argument de texte pour la comprendre dans la dernière plutôt que dans la première partie de l'art. 576, et il est plus conforme à l'esprit de la loi de rattacher la police des routes et campagnes d'après sa nature aux fonctions de police judiciaire et administrative. Aussi, dans ces fonctions, le gendarme est soumis pour ses crimes à la loi et à la juridiction civile. La conclusion à en tirer dans notre question est facile; le gendarme ne peut décharger sa responsabilité en alléguant l'ordre d'un chef. Le chef sera coauteur ou complice, mais le gendarme sera auteur. La loi civile qui le régit en pareil cas n'admet pas l'obéissance illimitée et aveugle contre la conscience. Qu'on ne disc pas : le gendarme est un soldat et doit obéissance à l'officier. L'article 2 du règlement dit positivement que les lois militaires ne sont pas applicables dans certaines exceptions, et ces exceptions nous sont expliquées par l'art. 576. Donc l'article 217 du Code militaire dans ces fonctions spéciales n'est pas applicable au gendarme, il ne doit plus obéissance passive, il reste responsable même en exécutant l'ordre d'un chef militaire, donc il peut refuser obéissance. C'est en vain qu'on alléguerait les nécessités de la discipline, et qu'on prétendrait que l'exception à la loi militaire, prévue par l'article 2 du règlement, ne vise jamais l'ordre donné par un officier de gendarmerie à son subordonné. S'il en était ainsi, il n'y aurait jamais lieu à l'exception prévue formellement par la loi. Remarquez bien, en effet, que si certains fonctionnaires civils peuvent adresser des réquisitions au commandant de gendarmerie, ils n'ont jamais le droit de donner des ordres directs aux gendarmes. Le gendarme n'agit jamais que sur l'ordre d'un chef militaire. Si, au nom de la discipline, vous voulez toujours appliquer la loi militaire de l'obéissance passive, que deviennent les exceptions formellement prévues par l'art. 2 du règlement de gendarmerie, expressément spécifiées par l'art. 576 du règlement et l'art. 89 du Code militaire ?

8

Machinations, artifices coupables. — Ici, la difficulté est de savoir quels substantifs sont régis par l'adjectif coupables. L'intérêt de cette question, subtile en apparence est très-grand, car l'insertion ou l'omission du mot coupable dans les réponses du jury peut constituer, selon l'opinion adoptée aujourd'hui, un moyen de cassation. D'abord, point de doute que le jury ne doive qualifier les *artifices* de coupables. Le Code est formel sur ce point. Aussi la jurisprudence a-t-elle, avec raison, toujours exigé la qualification de coupable (Cass., 27 oct. 1815).

L'arrêt de la Cour de cassation du 27 octobre 1815 ajoute que les *instructions* n'ont pas besoin de cette mention. Nous avons traduit le mot *instructions* par le mot renseignements. Nous avons demandé avec MM. Carnot, Chauveau, Le Sellyer, que le jury déclarât les renseignements donnés avec connaissance de cause. Il est inutile dans ce cas de mentionner leur culpabilité, et nous partageons ainsi l'avis de la Cour de cassation. Mais, si on n'exigeait pas du jury l'obligation de déclarer les renseignements faits avec connaissance, l'épithète de coupable serait indispensable, car nous avons prouvé par un exemple que les renseignements pourraient être innocents.

Les arrêts de la Cour de cassation des 15 mars 1816 et 19 octobre 1832 donnent, sur le sens du

mot *machinations,* une interprétation subtile,
qui est généralement repoussée par la doctrine.
Voici le texte de l'arrêt du 15 mars 1816 :
» Attendu que Benoît Eymat ne peut se préva-
» loir utilement de ce que le jury, dans sa ré-
» ponse, n'aurait pas ajouté le mot coupable à
» celui de machination ; qu'en effet, dans le
» sens de l'art. 60 du Code pénal, ce mot machi-
» nation, qui ne se prend jamais qu'en mauvaise
» part, présente seul, et par lui-même, une pré-
» vention de culpabilité qui, dans ce même
» article, se réfère seulement au mot artifice,
» pour caractériser la moralité de ce mode de
» provocation à un crime ; qu'ainsi, la réponse
» du jury était suffisante pour établir les ca-
» ractères de complicité déterminés par le pre-
» mier paragraphe de l'article 60 du Code
» pénal. »

Est-ce là le sens de la loi ? Il me semble que
cette nuance si délicate est attribuée à tort par
la jurisprudence aux rédacteurs du Code. Voici,
je crois, quelle a été la pensée des rédacteurs.
On peut exercer une pression sur la volonté, de
deux manières : en pesant directement sur la
volonté par des ordres ou des menaces, ou bien
en circonvenant cette volonté par des manœuvres, lesquelles consistent en machinations et
artifices. Pourquoi le Code ajoute-t-il coupables ? Parce que le juge doit se tenir en garde

contre des manœuvres, qui, tout en étant très-blâmables au point de vue moral, ne présentent pas cependant un caractère criminel suffisant pour constituer la culpabilité. Le législa eur exige donc la qualité de coupables, mais il l'exige aussi bien pour les machinations que pour les artifices.

L'énumération des cas de complicité antérieure et intellectuelle est complète. Faut-il rattacher à la provocation l'hypothèse du mandant?

Mandat. — *En théorie*, le mandant est évidemment un coauteur. Il y a là un contrat qui est la cause essentielle du crime; ce contrat consiste dans l'accord de deux volontés dont l'union est également essentielle au crime. Reportons-nous à notre définition du coauteur, il est évident que, sans l'intervention du mandant, le crime n'eût pas existé, il est donc évident que le mandant est coauteur.

MM. Le Sellyer et Dalloz repoussent cette doctrine; voici leur objection : Celui qui provoque par abus d'autorité est un simple complice, il est plus coupable que le mandant, donc *a fortiori* le mandant n'est que complice. Je réponds d'abord, qu'il me paraît mauvais de chercher à mesurer ainsi les culpabilités. Est-ce là un problème dont il soit sage de chercher la solution?

Nous l'avons déjà dit, la prétention de prévoir, d'apprécier les modalités infinies de participation qui peuvent se présenter en pratique avec des nuances infinies, cette prétention est chimérique. Nous ne pouvons juger les participations que par les effets qu'elles produisent. Nous le répétons, nous ne pouvons que nous demander : la participation a-t-elle donné naissance au crime ou n'a-t-elle fait que le faciliter ? Est-elle principale ou accessoire ? Dans cet ordre d'idées, le provocateur, par abus d'autorité, sera aussi coupable que le mandant ; il sera coauteur comme lui, si, au lieu de fortifier la pensée déjà arrêtée du crime, il l'a inspirée et suggérée, s'il est démontré que sans ses instigations le crime n'eût pas été commis.

Aussi je répondrai, en vertu de ces principes, que le provocateur par abus d'autorité n'est jamais plus coupable que le mandant, puisque ce dernier est toujours coauteur et que le provocateur l'est souvent. J'ajouterais que le provocateur est quelquefois moins coupable, puisqu'il peut s'être borné à fortifier la pensée déjà conçue et arrêtée du crime et dans ce cas n'être que complice. Je ne verrais une culpabilité plus grande que dans le cas d'abus de l'autorité militaire, puisque celui qui commande agit sans contrôle ; mais nous avons décidé alors qu'il est seul coupable. N'est-il pas évident d'ailleurs, si nous voulons suivre MM. Le Sellyer et Chauveau dans des considérations de détail, que le mandant agit par l'appât de l'argent, mobile, bien souvent, plus puissant que le respect de l'autorité. Toutefois, le mandat ne pourrait constituer un crime, s'il n'a pas été suivi d'exécution, s'il a été révoqué à temps, et que la révocation ait été connue. Mais le mandant demeure-t-il responsable, si le mandataire excède les bornes du mandat? Nous renvoyons l'examen de cette question au chapitre des circonstances aggravantes et des excuses. Lorsqu'il y a difficulté de rapprochements entre les contractants, il peut se présenter des médiateurs. Farinacius et d'autres jurisconsultes voient dans ces médiateurs des auteurs principaux. MM. Chauveau et F. Hélie repoussent cette assimilation. Notre réponse sera la même que plus haut. S'il est évident que sans la médiation le rapprochement ne pouvait avoir lieu et par conséquent, que sans elle, le crime n'eût pas eu lieu, le médiateur est coauteur, sinon il n'est que complice.

En pratique, et d'après le Code pénal, comment faut-il considérer le mandat? Si nous nous tenons au texte de la loi, nous ne trouvons pas le mandat énuméré dans les cas de complicité, rien n'empêche donc de le considérer comme coauteur, selon les vœux de la théorie. Mais il faut avouer que l'esprit du Code semble repousser cette conclusion.

En étudiant le troisième alinéa, le seul où le Code parle du coauteur, nous verrons que la loi ne voit un coauteur que dans celui qui prend au crime une part personnelle, active et contemporaine à son exécution. Or, le mandant ne remplit pas ces conditions. Quelle conclusion faut-il donc tirer! Il est impossible de déduire une conclusion rationnelle et satisfaisante en présence d'un texte si obscur. Il faut se résigner à violer la lettre ou l'esprit du Code! Peut-être pour sortir de cette impasse, cèderions-nous au désir d'appliquer les principes de la théorie, et ne consultant que la lettre de la loi, qui omet le mandat dans son énumération, en ferions-nous un coauteur.

Comment faut-il envisager *en théorie* le conseil ou l'exhortation ? Grotius cite une loi d'Athènes qui punissait le conseiller du crime comme l'auteur. Le conseil diffère essentiellement du mandat ou de l'ordre ; il n'emploie d'autre arme que la persuasion, son but apparent est l'intérêt de celui à qui il est donné. C'est ce que le droit romain et les anciens jurisconsultes reconnaissent formellement: « Consilium dare videtur, qui persuadet, impellit « atque instruit (loi 50, Dig., *de furtis*). Consi- « lium respicit gratiam et utilitatem deliquen-

« tis, mandatum mandantis » (Farinacius). Carmignani repousse cette distinction qui nous semble pourtant réelle. Mais, s'il est reconnu que le conseil a été la cause efficiente du crime, le conseiller doit-il rester impuni ?

Il est telle autorité morale, l'autorité religieuse, par exemple, bien autrement puissante que toute autorité hiérarchique ! Qu'un prêtre veuille abuser de l'influence de son caractère religieux, il pourra être, dans certains cas, la cause unique et première du crime ! Le sort du conseiller devrait donc se décider toujours par la solution de cette double question : a-t-il donné naissance au crime ? a-t-il seulement facilité le crime ? *En pratique*, quelque regrettable que soit cette lacune du Code, la loi n'a pas classé le conseil parmi les actes de complicité; nulle interprétation ne peut suppléer à ce silence (Cass., 24 novembre 1809).

Que de critiques à adresser au Code ? Le juge est arrêté à chaque instant; chaque mot, pour ainsi dire, soulève une grave controverse, et cela sur le sens même qu'il faut lui attribuer.

Il suffit de réfléchir un instant sur la variété infinie des nuances sous lesquelles se présente la participation, pour juger la prétention d'énumérer en quelques mots tous les cas qui peuvent se présenter. Ajoutons que cette énumération est limitative; nous venons de voir quelles lacunes elle laisse subsister. Si nous voulons ensuite apprécier les divers cas énumérés par le Code et placés sur la même ligne, n'est-il pas facile de se convaincre combien ils offrent de variété et de dissemblance? Le provocateur peut être, tantôt plus, tantôt moins coupable que l'auteur. Graves différences dont le système de la distinction nous ferait seul tenir compte.

§ 2. — *Alinéa second.*

« Ceux qui auront procuré des armes, des
« instruments ou tout autre moyen qui aura
« servi à l'action sachant qu'ils devaient y
« servir. »

Cet alinéa ne nécessite pas de commentaire. Il est essentiel que le participant connaisse le parti illicite qu'on doit tirer de ses services.

Le service pourrait être rendu innocemment. Il faut donc constater le concours du fait et de l'intention criminelle. Il faut déplorer, avec MM. Chauveau et Hélie, un arrêt du 2 juin 1832 de la Cour de cassation.

« Il suffit, dit l'arrêt, que le jury ait déclaré
« l'accusé coupable d'avoir fourni des instru-
« ments pour commettre le crime. » Cette déclaration impliquerait la connaissance exigée par l'art. 60. Il nous semble, au contraire, que,

pour respecter les sages prescriptions de la loi, la réponse du jury doit être double, l'une constatant le fait, l'autre constatant la connaissance. Il fut jugé, d'ailleurs, conformément à ces principes, que le deuxième alinéa de l'art. 60 exige que les moyens soient fournis, en sachant qu'ils doivent servir à l'action qualifiée délit ; qu'il ne suffisait pas de savoir qu'ils peuvent servir à une action ainsi qualifiée (arrêt, Cassation, 18 mai 1844).

Notons, pour terminer, une particularité : en haine et répulsion du délit, le proxénétisme, en fait d'attentat aux mœurs, est puni comme délit principal.

Conclusion. — Il est impossible de n'être pas frappé de la sévérité du Code : *Fournir des moyens* est une expression trop large ; par là, se trouvent assimilés les délits les plus dissemblables ; supposez un homme détesté à juste titre ; ses ennemis le poursuivent, un passant, sans connaître toute l'étendue des desseins projetés, sans révéler la retraite du fugitif, se borne en réponse à des questions, à indiquer un passage ; il a fourni des moyens, il est aussi coupable que les assassins et puni de la même peine.

§ 3. — *Alinéa troisième.*

« Ceux qui auront, avec connaissance, aidé
« ou assisté l'auteur ou les auteurs de l'action,
« dans les faits qui l'auront préparée ou faci-
« litée, ou dans ceux qui l'auront consommée,
« sans préjudice des peines qui seront spécia-
« lement portées par le présent Code contre
« les auteurs de complots ou de provocations
« attentatoires à la sûreté intérieure ou exté-
« rieure de l'État, même dans le cas où le
« crime qui était l'objet des conspirateurs ou
« des provocateurs n'aurait pas été commis. »

Les faits les plus différents sont confondus
dans la même phrase ; commentons mot par
mot.

Préparé.—L'idée est claire, mais nous semble mal exprimée. — Aider à préparer, n'est-
ce pas préparer? N'y a-t-il pas là un pléonasme ?

Facilité. — Cette expression rend la précédente inutile. Préparer c'est encore faciliter.
Il faut peut-être interpréter ainsi la pensée du
législateur : il semble avoir visé par le mot
facilité les actes qui concernent l'exécution définitive. Si nous nous sommes plaints de l'ex-
cessive rigueur du Code dans les alinéas précédents, les abus inévitables de toute énuméra-

tion en matière de complicité, nous laissent à déplorer ici l'excès contraire.

Prenons l'hypothèse du guet. — Souvent, celui qui en est chargé, ne sera qu'un complice. Mais si en faisant le guet, il arrête les secours, qui sans son intervention préviendraient le crime et sauveraient la victime, n'est-il pas constant que sans lui le crime ne se serait pas accompli ? Ne faut-il donc pas le déclarer coauteur ? On objecterait à tort, que cette lacune se trouve comblée par l'art. 59. Il est inutile, dira-t-on, de distinguer si soigneusement le complice et l'auteur, puisque tous deux sont frappés de la même peine. La réponse est facile.

L'art. 401 punit le vol de la peine de l'emprisonnement et de l'amende ; l'art. 386 punit de la réclusion le vol commis par plusieurs personnes dans une maison habitée. Or, en présence de ces deux articles, il est d'un grand intérêt de distinguer le complice et l'auteur. Si celui qui a fait le guet est coauteur, il y a deux voleurs ; — application de l'art. 386 ; s'il n'est que complice, on applique l'art. 401. — En théorie, celui qui a fait le guet peut être coauteur ou complice, selon les circonstances ; mais au point de vue du Code, on ne saurait jamais le considérer que comme complice. La lettre et l'esprit sont formels. On ne peut arbitrairement combler la lacune laissée par la loi. Il faut donc décider avec Boitard (n° 160), que la Cour de cassation (8 avril 1813, 12 août 1813) a vu à tort dans une espèce semblable deux coauteurs et a appliqué arbitrairement l'art. 386.

Consommé. — Ici il faut avouer qu'il est difficile de ne pas voir un coauteur dans celui qui aide à *consommer un crime.* Cependant le Code parle expressément des auteurs. Il n'y a donc pas de confusion. La difficulté nous paraît insoluble. Nous devons avoir soin, ainsi que nous l'avons déjà dit, de repousser toute analogie. En présence du silence de la loi, il ne faut donc pas voir un complice dans le spectateur passif du crime. Il n'y a en effet aucune communauté d'intention avec le coupable. En ce sens, un arrêt de la Cour de cassation (15 décembre 1809) décide que le maître de café, spectateur oisif de violences commises chez lui, ne peut être considéré comme complice. Cette opinion, d'ailleurs, s'est accréditée de tout temps ; on lit dans Julius Clarus : « Jure civili « nemo tenetur obviare delicto, nec malefac- « torem indicare. » — Notre alinéa ajoute, avec connaissance. L'explication de cette expression nous conduit à l'examen d'une grave et difficile question.

§ 4. — *Circonstances aggravantes et excuses.*

Jusqu'où doit aller la connaissance ? — Il peut survenir telles circonstances aggravantes qui n'avaient pas été prévues ; le complice en portera-t-il la responsabilité ? Les circonstances aggravantes peuvent être de deux natures : intrinsèques, affectant la criminalité du fait, ou extrinsèques, n'affectant que la culpabilité de l'auteur.

Intrinsèques. — Il s'agit d'un vol simple, dont un individu accepte la complicité ; dans l'exécution, où le complice ne figure pas, l'auteur rencontre des obstacles et recourt à l'escalade et à l'effraction. Il est avéré que le complice a ignoré les circonstances ; en sera-t-il responsable ?

La solution donnée par la théorie n'est pas douteuse ; la responsabilité doit être calquée sur la participation ; la participation sur l'intention ; celle-ci sur la connaissance.

Ce raisonnement logique est irréfutable. La conclusion est claire ; le complice ne doit être puni que de ce qu'il a connu. Nous avons déjà soulevé et ajourné cette question, à propos du mandat. Si le mandataire excède les bornes du mandat, le mandataire est-il responsable ? Non, certes, l'affirmation ne peut être soutenue

en théorie. Nous trouvons dans les anciens jurisconsultes Farinacus Julius, Clarus, une distinction judicieuse.

Le mandant n'est responsable que s'il n pu
prévoir l'événement, que si l'événement était
la suite probable du mandat donné. MM. Chauveau et Hélie le disent avec raison et nous ne
pouvons que le répéter : « Nous ne croyons pas
« qu'on puisse sérieusement soutenir que le
« mandant est toujours et constamment res-
« ponsable du sort du mandataire. » — C'est là
pourtant ce que déclare formellement le Code.
La répugnance à admettre cette décision est
telle, que de nombreux jurisconsultes ont cherché à concilier les textes et la raison. M. de
Molènes (Traité de l'humanité dans les lois criminelles) raisonne ainsi :

« Est-ce avoir connaissance d'une action que
« d'en ignorer les plus graves circonstances?
« Est-ce agir avec connaissance, que de par-
« ticiper, par une telle complicité, à un crime,
« lorsqu'on a la ferme conviction qu'on ne
« participe qu'à un délit?... Quand il est dé-
« claré que celui qui a fait le guet n'a point
« agi avec connaissance, son action n'est ni
« crime ni délit, la cour de cassation l'a re-
« connu par son arrêt du 4 mai 1827. Mais, s'il
« en est ainsi du défaut de connaissance qui
« enlève toute culpabilité à l'action, il en doit

« être nécessairement de même du défaut de
« connaissance qui atténue la culpabilité.
« L'art. 60 ne peut être interprété que dans
« cet esprit. »

Nous pensons plutôt que l'art. 60 ne pourrait être excusé que dans cet esprit. Quelque
ingénieuses que soient ces considérations, je
pense avec Boitard et Chauveau, qu'elles n'ont
jamais été dans la pensée du législateur.

Il n'y a qu'une réponse à faire, réponse sans
doute insignifiante provoquée par toute loi
malheureuse, il n'y a qu'à répondre par ce vieil
adage : *Dura lex, sed lex!*

L'art. 63 d'ailleurs ne permet pas de doute.
L'exception consacre la règle ; or, cet article déclare, que par dérogation spéciale, le complice,
dans le seul cas de recélé, sera puni propor-
tionnellement à sa connaissance. Voilà l'exception, le principe n'est donc pas douteux. Enfin,
quelle unanimité dans la jurisprudence ! La
Cour de cassation est largement entrée dans
cette voie (25 octobre 1811, 26 décembre
1811, 2-17 juillet 1812, 22 août 1817, 11 septembre 1828, 8 janvier 1835, 22 août 1817).
Il semble même que dans certains cas, la jurisprudence ait pris plaisir, pour ainsi dire, à
insister sur le principe et à en faire ressortir
les conséquences étranges !

Rien d'intéressant comme d'étudier un ar-

rêt du 4 pluviôse an XIII : Un amant malheu-
reux avait juré la perte de son rival ; il s'ou-
vrit à un ami de son funeste dessein, l'ami le
détourna et parvint à lui faire abandonner son
projet. Cependant, alléguant de mauvais traite-
ments, il veut au moins attendre son rival et
lui demander une réparation ; il ne peut s'agir
que d'une simple correction, sans danger sé-
rieux. L'ami veut encore résister, mais voyant
l'excès de la passion, il comprend qu'il faut
laisser une satisfaction à cette juste colère. Il
consent donc à faire le guet et prête un bâton.
Mais il fait bien ses conditions, et se fait réité-
rer la promesse que tout se bornera à une
correction insignifiante. Hélas! quand les ri-
vaux furent en présence, toute sage résolution
s'évanouit, les passions irritées de l'agresseur
se soulevèrent plus impétueuses, il fondit sur
son rival. Bref, la victime expira sous les
coups. Lisez l'arrêt : toutes ces circonstances
y sont minutieusement et clairement consi-
gnées. Qu'advint-il des deux coupables? En
application de l'art. 60 et de la théorie d'assimilation, tous les deux furent condamnés
comme assassins : le meurtrier d'abord, et son
ami, malencontreux prêteur du bâton. Il avait
fourni un moyen ! Art. 60 ! *Dura lex, sed lex.*

Extrinsèques. — Que dire des circonstances
inhérentes à la personne même du coupable?

Certains crimes reçoivent une aggravation notable par le caractère de l'auteur. Ainsi l'article 147 punit des travaux forcés à temps le faux en écriture publique. S'il est commis par un fonctionnaire public, le crime est puni des travaux forcés à perpétuité (art. 145, 147). Voici maintenant la question : le fonctionnaire coupable a un complice. Appliquerez-vous au complice l'art. 147 ou les art. 145 et 146 ?

Avant de chercher la solution pratique du problème, examinons la question en théorie.

Tout crime ou délit a une double culpabilité : la culpabilité matérielle du fait, que nous appellerons essentielle, la culpabilité personnelle de l'auteur. Cette culpabilité personnelle n'est qu'accidentelle ; car, elle peut exister ou disparaître, tandis que la culpabilité de fait est essentielle parce qu'elle subsiste toujours. Examinons le rôle du complice. Il participe à la culpabilité de l'acte, mais à laquelle ? Évidemment, il ne participe qu'à la culpabilité du fait, car il ne peut ni donner naissance, ni augmenter la culpabilité accidentelle qui résulte du caractère personnel de l'auteur. Il n'est pas en son pouvoir de changer la personne de l'auteur. Comment donc peut-on songer à rendre le complice responsable d'une complicité à laquelle il n'a nullement participé ? La complicité met le complice en rapport avec l'acte, et non avec la personne de l'auteur.

Voilà la solution théorique de la question.

On répond : le viol commis par un père sur sa fille est un crime plus grand que si le viol était commis par une personne étrangère. Donc, le complice commet aussi un crime plus grand dans le premier cas que dans le second cas.

Quel est donc le crime commis par le complice? Un viol, qu'il soit le complice d'un père ou d'un étranger, peu importe, il n'a jamais commis qu'un viol. Ne dites donc pas que dans le premier cas le crime du complice serait aussi plus grand, car la culpabilité n'augmente que vis-à-vis du père. On ne peut punir un homme que sur ses actes. Il y a, en un mot, relation entre le complice et l'acte du crime, il n'y en a aucune entre sa personne et celle de l'auteur, car s'il a influé sur l'acte, il n'a jamais pu influer sur la personne. Vous ne pouvez donc le rendre responsable d'une culpabilité étrangère à l'acte et toute spéciale à la personne de l'auteur.

Quel est l'acte du complice? A-t-il contribué à l'existence de la qualité du père? Non, il a contribué à l'existence du fait matériel, du viol.

On a encore objecté : le complice déploie

une perversité plus grande quand il aide un père à violer sa fille. S'associer en pareil cas, c'est partager la culpabilité ; l'auteur, dit-on, communique son immoralité au complice.—Examinons en fait et en droit, si le complice peut endosser la responsabilité personnelle de l'auteur ?

En droit, la réponse est bien simple ; si l'auteur communique son immoralité au complice, la réciproque doit être vraie. Or, quelqu'un a-t-il jamais songé à faire remonter la culpabilité du complice à l'auteur personnel ? En fait, le bon sens dit que s'il y a communication, le complice doit recevoir la qualité de l'auteur. De la sorte, quand un père a un complice pour violer sa fille, le complice devient tout à coup un peu père de la victime, par une incarnation occulte de cette qualité que je m'expliquerais toujours difficilement.

Une dernière objection pourrait être soulevée ; on peut dire : pourquoi la loi frappe-t-elle plus sévèrement le père qui viole sa fille ? Parce que le viol commis par un père pouvant se répéter plus souvent, et constituant un désordre plus grave, renferme par là même un danger plus grand pour la société. Le complice est non-seulement complice du viol, mais encore de ce danger social, il mérite donc aussi une aggravation de peine. Il est peu de questions de droit pénal qui ne soulèvent le problème si grave de fondement du droit de punir. Nous avons déjà touché cette question dans la partie théorique de ce travail; nous n'avons pu l'approfondir, sous peine d'être entraîné loin de notre matière, mais nous avons admis avec la majorité des plus éminents auteurs, que le droit de punir avait une double base : l'utile et le juste. En posant cette double base, nous n'avons point voulu dire que telle peine serait légitimée par l'utile, telle autre par le juste. Non, ces deux éléments sont inséparables, parce que l'un est la limite de l'autre, parce qu'autrement dit, la société ne pouvant avoir des droits sans avoir des devoirs, l'utilité de la société est limitée par la justice. Ce n'est donc point assez de dire : le complice mérite cette aggravation, parce que cela est utile, il faut voir si cela est juste. Par là, nous verrons si la raison d'utilité peut être admise; disons plus, nous verrons par là si cette utilité est réelle, car nous ne croyons pas qu'il puisse être utile d'être injuste. — Donc, cette aggravation est-elle juste? Il est un principe de justice immuable, c'est qu'on doit être jugé selon ses actes. Nous le répéterons encore, qu'a fait le complice ? Il a violé, mais le viol, dit-on, est commis par un père, et c'est là un grand danger. Le complice répondra toujours

Ce n'est pas moi qui constitue en rien la paternité de l'auteur, il n'a pu de son côté me communiquer sa qualité de père, je reste donc un étranger, — coupable de viol. La personne de l'auteur est indépendante de moi ; je n'ai participé qu'à l'acte matériel du crime ; là se borne ma responsabilité. Je n'ai à rendre compte à la société que de mes actes, que d'un viol. Je suis étranger à la culpabilité que vous voulez m'imputer, car je ne l'ai point constituée par mes actes. La justice répudie donc cette aggravation de peine.

De même que nous repoussons l'aggravation personnelle à l'auteur, de même nous ne ferons pas profiter le complice des causes d'atténuation personnelles à l'auteur.

Notre raisonnement sera le même ; le complice est étranger à la culpabilité personnelle de l'auteur.

Ce serait là pourtant la conséquence logique du système, qui rend le complice responsable des causes d'aggravations personnelles à l'auteur. L'art. 67 adoucit la peine du coupable, mineur de seize ans. Si le système que nous combattons est conséquent avec lui-même, il devra adoucir la peine du complice de 40 ans, conséquence assurément bizarre, mais très-logique, de l'assimilation absolue du complice à l'auteur principal.

Sortons de la théorie, pour chercher en pratique quelle serait, d'après le Code, la solution de notre question.

Si on veut lire attentivement l'art. 59, la réponse ne peut être douteuse. Le complice doit subir la peine de l'auteur, quelle que soit cette peine. Que notre conscience répugne à cette conclusion, là n'est point la question ; nous avons à interpréter et non à refaire la loi. Cette conséquence de la théorie de l'assimilation froisse tellement la raison, que la jurisprudence a hésité longtemps à l'admettre (cassation, 9 février 1811, 23 avril 1813, 3 décembre 1812, 21 juillet 1814, 22 mai 1816, 22 juillet 1830). Cependant les derniers arrêts de la Cour de cassation sont unanimes en ce sens (cassation, 10 mai 1850, 11 septembre 1851, 24 mars 1853).

Cette jurisprudence est l'application fidèle de la loi. On a essayé d'y échapper par une interprétation ingénieuse. MM. Chauveau et Hélie traduisent ainsi l'art. 59 : « Les complices « seront punis comme s'ils en étaient les au- « teurs. » Il nous semble que ces mots : seront punis de la même manière que les auteurs mêmes sont d'une telle clarté que le doute est impossible. Je n'y vois d'autre sens, sinon que le complice subira la même peine que celle qui sera prononcée contre l'auteur. C'est là le sens déplorable, mais évident, que M. Ortolan conserve avec raison au texte de l'art. 59 (Traité de droit pénal, n° 1302).

La jurisprudence qui semble désormais unanime en ce sens, a reculé devant toutes les conséquences du principe d'assimilation.

Lorsqu'il y a chez l'auteur une cause d'aggravation personnelle, la Cour de cassation décide que si l'auteur est acquitté, le coupable n'est frappé que de la peine simple. Je ne vois pas pourquoi l'acquittement aurait plus d'influence que la fuite ou le décès de l'auteur. Quand le jury acquitte, ce n'est pas toujours parce que le fait incriminé n'a pas eu lieu (cassation, 20 septembre 1828, 19 juin 1829, 22 juillet 1830). Il est difficile de ne pas être inconséquent quand on est contraint d'appliquer une doctrine à laquelle répugne sa conscience.

La Cour de cassation (3 juillet 1806) a décidé que l'aggravation qui résulte de la récidive de l'auteur principal ne frappe pas le complice, et en théorie on ne peut qu'applaudir à cette décision; mais il faut reconnaître qu'elle viole la loi. En quoi, au point de vue des circonstances aggravantes, le récidiviste diffère-t-il du père qui viole sa fille? Ne sont-ce pas là deux culpabilités personnelles à l'auteur dont le caractère est identique?

Les conséquences de l'assimilation absolue posées par l'art. 59, sembleraient être que le complice, subissant l'aggravation de peine, doit profiter de l'atténuation de culpabilité personnelle de l'auteur principal, puisqu'il doit être puni de la même peine. Cette doctrine n'est assurément point adoptée par la jurisprudence.

Il semble rationnel que si le complice présente une culpabilité plus grande à raison de son caractère personnel, il doive subir seul l'aggravation de peine, et qu'elle ne doive pas frapper l'auteur principal.

La Cour de cassation de Belgique (26 décembre 1843) a admis cette doctrine.

La jurisprudence française admet le principe contraire. Elle établit que le complice ne doit jamais être plus puni que l'auteur; toutefois, elle n'a pas su rester conséquente avec elle-même. On sait que la provocation n'est un cas d'excuse entre époux, que s'il y a danger pour la vie (art. 324). Voici l'espèce qui s'est présentée :

Un mari fut complice du meurtre de sa femme. Il y avait eu provocation, mais sans danger de mort. La Cour de cassation refusa, en conséquence, le bénéfice de l'excuse au mari. Il fut donc, quoique complice, condamné plus sévèrement que l'auteur (cassation, 1838).

La Cour de cassation déroge encore à ce même principe à l'égard des circonstances atténuantes. Elle décide que l'auteur principal peut être, par suite des circonstances atténuantes, condamné aux travaux forcés à temps, tandis que le complice subit les travaux forcés à perpétuité (19 septembre 1839). Nous avons vu que la Cour de cassation reculait devant certaines conséquences du principe de l'art. 59, il nous semble qu'en d'autres circonstances, elle a exagéré ce principe. Elle a décidé (rej. 27 juin 1839) que le complice subit l'aggravation qui résulte de la préméditation de l'auteur principal, sans qu'il soit prouvé que ce complice connaissait cette préméditation.

Conclusion : — Nous connaissons la solution que l'interprétation exacte du Code fournit sur cette grave et difficile question. Pour juger la théorie de l'art. 59, il suffit de méditer les conclusions fournies par la théorie en cette matière, il suffit de consulter les auteurs, leur répugnance à admettre une sévérité si grande, qui leur a inspiré des interprétations plus ingénieuses que véridiques, répugnance partagée par la jurisprudence qui hésite et ne se décide qu'avec peine à appliquer rigoureusement le Code, répugnance qui se manifeste encore dans les contradictions de la Cour de cassation, qui déroge aux principes du Code, en matière d'acquittement, d'atténuation personnelle à l'auteur. Nous finirons en citant un exemple bien frappant qui fait ressortir les résultats étranges produits par la théorie de l'article 59 : Un père viole sa fille, il subit une aggravation de peine, qui frappe également son complice. Mais supposons qu'un étranger viole la fille de ce même père, et que le père soit complice de cet attentat, il ne subira aucune aggravation de peine. Ce fait n'a pas besoin d'être commenté.

Avant d'abandonner cette question des circonstances aggravantes, nous devons mentionner un nouveau système proposé par M. Ortolan. Nous avons été heureux de proclamer souvent les mêmes principes que l'éminent criminaliste ; mais ce système condamne notre théorie, en ce qui touche certaines causes d'aggravation, qui paraissent à M. Ortolan d'un caractère mixte, à la fois intrinsèque et extrinsèque, c'est-à-dire, affectant autant la culpabilité personnelle de l'auteur que la culpabilité matérielle de l'acte; telle serait la qualité d'ascendant. Dans ce système, on distingue plusieurs causes d'aggravations ou d'atténuations.

Les unes affectent la culpabilité personnelle de l'agent, laissant le délit tel quel. Telle est la récidive ; les autres dérivent de faits postérieurs au crime; alors l'effet aggravant ou atténuant de ces causes est exclusivement propre à la personne chez qui elles se rencontrent.

D'autres affectent la criminalité du fait lui-même, il faut alors distinguer si elles tiennent à des circonstances matérielles de l'action (pré-méditation, guet-apens) : le complice qui les a commises supporte l'effet aggravant. Mais elles peuvent affecter la criminalité du fait même, tout en provenant de qualités personnelles à l'un des coupables : telle serait la qualité d'ascendant. Contrairement à l'opinion générale des criminalistes, M. Ortolan décide que le complice ou l'auteur doit supporter l'effet aggravant de ces causes, quoiqu'elles soient personnelles à l'auteur, l'aggravation toutefois serait adoucie pour eux. Si cette cause d'aggravation se trouve chez le complice, l'auteur subira encore l'effet aggravant, mais toujours atténué.

CHAPITRE II.

QUESTIONS SPÉCIALES SUR LA COMPLICITÉ.

Le Duel.

Le duel tombe-t-il sous l'application de notre loi pénale ?

Le sort des complices en matière de duel dépend de la réponse faite à cette délicate question. Nous ne pouvons ni ne devons traiter la question du duel, sans sortir du cadre de notre sujet, il doit suffire de résumer le débat.

La jurisprudence a singulièrement varié. Jusqu'en 1837, la Cour suprême a persisté à considérer le duel comme un fait non prévu par le Code pénal. Depuis 1837, elle a adopté avec persévérance l'opinion contraire. La doctrine n'est pas moins partagée sur cette question.

Nous nous permettrons, dès l'abord, une observation qui nous paraît capitale. La discussion nous paraît s'être souvent égarée.

Il nous paraît oiseux de discuter si le duel est légitime ou non, si la loi doit le tolérer ou le punir. Nous n'avons qu'à rechercher quelle situation doit être faite aux auteurs d'un duel par notre Code pénal. La jurisprudence de la Cour de cassation n'a pas son autorité habituelle; elle s'est déjugée une fois, elle peut le faire encore. Il ne nous reste donc qu'à interpréter les textes de la loi, ce sont les art. 295, 296, 309.

De nombreux arguments ont été produits pour faire tomber le duel sous l'application de la loi pénale. Ils ont été exposés avec des développements oratoires que nous ne reproduirons pas. Nous formulerons les arguments principaux en quelques mots, pour qu'on puisse les apprécier plus froidement et plus sûrement. On a dit : Nul ne peut se faire justice à soi-même.

Il y a là une convention pour échapper à la loi, et cette convention est nulle, comme contraire à l'ordre public (art. 6 et 1133).

Les termes de l'art. 295 sont généraux et s'appliquent au cas de duel.

Tels sont les principaux arguments qu'on trouve chez tous les auteurs qui veulent sévir contre le duel. M. Dupin, alors procureur général près la Cour de cassation, les a développés dans un réquisitoire, le 22 juin 1837, qui a motivé le premier revirement de la Cour de cassation.

Nous nous sommes déjà permis de le dire, malgré l'autorité que peuvent avoir ceux qui ont présenté ces arguments, il nous a toujours semblé que toute cette discussion présentait une singulière confusion. De quoi s'agit-il ? De faire le procès à la loi, de la réformer, d'usurper le rôle de législateur ou bien d'interpréter la loi en la respectant bonne ou mauvaise. Ces arguments ne me paraissent nullement topiques. Ils peuvent démontrer que le duel est chose répréhensible, mais ils ne prouvent nullement que la loi ait songé à sévir contre les duellistes. Il semble toujours que la question soit déplacée. On ne prouve pas enfin que la loi punisse, on prouve qu'elle doit punir.

Le dernier argument est le seul auquel il faille répondre, car il traite plus directement la question. La généralité des termes de l'article 295 peut-elle permettre de faire tomber le duel sous son application? On dit : le duel a pour but possible la mort d'un des adversaires, c'est-à-dire un homicide ; donc, bien que le duel soit un homicide d'une nature particulière, il tombe en tant qu'homicide sous l'application de l'art. 295.

C'est là ce que j'appellerai un argument de mots. Vous prouvez bien que le duel est un homicide, en avouant que c'est un homicide d'une espèce particulière, et vous le frappez, par cette seule raison que vous trouvez dans le texte de l'art. 295 le mot homicide; mais vous ne vous expliquez nullement sur l'esprit de la loi; vous ne consultez que la lettre : le législateur a-t-il eu intention de comprendre le duel dans sa définition de l'homicide ? voilà la question que les arguments présentés n'abordent nullement, et où doit se trouver la solution de la question. L'interprète de la loi a plusieurs ressources pour connaître la pensée du législateur; l'étude des travaux prépara-

toires du Code, les renseignements historiques,
le raisonnement enfin, qui peut, en analysant
les diverses pensées que le législateur a pu
avoir, se prononcer pour celle qui lui semble,
par l'examen des faits, la plus vraisemblable.

Travaux préparatoires.

Il semblerait d'abord que l'étude des travaux
préparatoires du Code pénal jetté un jour décisif sur la question. M. Monseignat, organe de
la commission du Corps législatif, dit formellement que le duel tombe sous l'application de
l'art. 295 : « Vous me demanderez peut-être,
« a-t-il dit, pourquoi les auteurs du projet de
« loi n'ont pas désigné particulièrement un at-
« tentat aux personnes, malheureusement trop
« connu sous le nom de duel? C'est qu'il se
« trouve compris dans les dispositions géné-
« rales qui vous sont soumises. » Nous laisserons une des plus grandes autorités qu'on
puisse invoquer, Merlin, contester cette interprétation solitaire : Merlin, consulté par un
procureur général, répondait : « Tout ce qu'on
« peut conclure, c'est que la commission, dont
« M. Monseignat est l'organe, pensait comme
« lui. Mais de ce qu'ils ont cru trouver dans la
« loi des dispositions qu'elle ne renferme pas,
« il ne s'ensuit nullement qu'ils aient, par

« leur opinion officiellement manifestée, rem-
« pli les lacunes que la loi offre réellement. Il
« y a eu, après la présentation du projet de
« Code pénal au Corps législatif, plusieurs con-
« férences entre le comité de législation du
« conseil d'État et la commission de législation
« du Corps législatif, et je puis vous assurer,
« pour avoir assisté à toutes, qu'il n'a été ques-
« tion de duel dans aucune. Ce que la com-
« mission de législation a dit sur le duel, elle
« l'a donc dit elle-même, et ce qu'elle en a dit
« est précisément le contraire de ce qui avait
« été arrêté verbalement entre les membres
« du comité de législation du conseil d'État,
« car ils avaient bien, comme elle, pensé au
« duel, mais en y pensant, ils avaient cru de-
« voir imiter, à cet égard, le silence de l'As-
« semblée constituante. »

Voilà, certes, un témoignage aussi clair
qu'imposant, — qui ôte toute autorité à l'interprétation personnelle et arbitraire de M. Monseignat. D'ailleurs, si l'étendue des travaux
préparatoires du Code peut fournir de précieux
renseignements, il ne faut pas en exagérer
l'importance. Le texte de la loi appartient à
tous, et il ne pourrait dépendre d'une commission d'en changer le sens évident. En pareil cas, s'il y avait évidence sur le sens à
attribuer à une loi, personne, que je sache, ne

tiendrait compte, d'une opinion isolée et contraire, fût-elle exprimée dans le sein d'une commission de législation.

Renseignements historiques.

L'histoire va nous apprendre que l'opinion de Merlin a toujours persisté. Le 17 vendémiaire an VII, le ministre de la justice écrit au citoyen Majas : « Aucune loi nouvelle n'a mis « le duel au nombre des crimes. » C'est d'abord la Cour de cassation qui a consacré cette doctrine par onze arrêts. En 1818 (1er février, *Moniteur*), la Cour des Pairs déclare que le duel n'est atteint par aucune loi existante. En 1819, la Chambre des députés adopte la proposition d'un de ses membres, pour demander au roi de combler cette lacune par une loi (*Moniteur*, 23 juin). En 1829, 1830, c'est le garde des sceaux lui-même qui présente à cet effet deux projets de loi à la Chambre des pairs. Le conseil d'État lui-même, en 1832, lors de la révision du Code pénal, demanda une législation spéciale.

En 1849, l'Assemblée constituante déclare encore que le duel ne tombe pas sous l'application de la loi pénale (*Moniteur*, 10 mars). Le 28 mars 1849, l'Assemblée rend la décision suivante : « L'Assemblée nationale déclare refu-

« ser l'autorisation de diriger des poursuites
« contre les représentants Bourbousson et Ray-
« naud-Lagardette, à raison du duel d'octobre
« 1848. » De nombreuses propositions tendant à
créer une législation spéciale ont été adressées
à l'Assemblée législative (Gavini et Failly, de
Bouzigue, Cunin-Gridaine, de la Boulie, Talon
et Arène).

Il nous semble qu'il suffit de jeter les yeux
sur cette liste de témoignages importants pour
être convaincu que jamais on n'a regardé le duel
comme prévu et puni par la loi pénale. Un jour,
cependant, la Cour de cassation change d'avis
et persiste, dès lors, à sévir contre le duel.

La plupart des cours d'appel ont continué
avec persévérance à protester contre cette doctrine (Poitiers, 30 octobre 1837; Rennes, 10 octobre 1837; Colmar, 12 juillet 1838; Rennes,
22 septembre 1838; Nancy, 29 février 1839;
Paris, 30 novembre 1844; Besançon, 22 juillet
1847; Dijon, 13 octobre 1847; Lyon, 17 janvier 1848).

Vit-on jamais un homme convaincu d'homicide avec préméditation, dans un duel loyal,
monter sur l'échafaud? Ne voyons-nous pas ce
résultat bizarre que, si on tue son adversaire,
on est presque assuré d'un acquittement, tandis
que si on ne fait que le blesser, on n'échappe
pas toujours à la sévérité des tribunaux cor-

rectionnels? C'est que la jurisprudence recule toujours devant la peine de mort. Dans cette situation anormale, elle est arrivée à la théorie suivante: — Ce n'est pas le duel qui serait prévu par le Code pénal, c'est l'intention qui accompagne le duel. Un duel a lieu, un des adversaires est blessé; eh bien! la jurisprudence conclut de ce fait accidentel et imprévu qu'il n'y a pas eu intention de donner la mort. Si le fer eût pénétré un pouce plus avant, l'intention eût-elle changée? — Cette interprétation de la jurisprudence ne prouve qu'une chose, c'est que la jurisprudence redoute la cour d'assises, et ne redoute pas la police correctionnelle. En d'autres termes, c'est qu'elle avoue malgré elle qu'il y a lacune dans la loi à l'égard du duel, qu'elle remplit arbitrairement cette lacune, mais qu'elle n'ose être conséquente avec elle-même, et qu'elle recule toujours devant la peine de mort, qui ne serait, dans certains cas, que la conséquence logique et inévitable de son système. Est-ce là interpréter et appliquer la loi ou la refaire?

Analyse de la loi. — Abordons enfin le texte de la loi. La lettre semble frapper le duel, qui est évidemment un homicide. Mais est-ce là l'esprit de la loi? Prenez un de ces êtres dégradés qui versent le sang pour assouvir les passions les plus infimes; prenez un homme forcé par l'impuissance de la loi, par les préjugés inexorables d'une société dans laquelle il est inévitablement appelé à vivre, de tirer vengeance lui-même d'une offense qui le déshonore. L'un frappe traîtreusement sa victime, l'autre expose sa vie dans un combat loyal, où des tiers interviennent pour assurer avec soin l'égalité des chances! Eh bien! la loi a-t-elle entendu désigner ces deux hommes par le même mot? Quand on dit : l'un a tué, l'autre a assassiné, chacun saisit de suite la différence de ces deux faits. Le législateur seul a-t-il fait cette étrange confusion? Non, nous le répétons encore, ce n'est que le désir de suppléer à une lacune de la loi qui a pu conduire à cette interprétation.

Ainsi, l'étude des travaux préparatoires, les renseignements historiques, l'analyse de la loi, nous démontrent qu'on n'a jamais considéré, et qu'on ne peut, sans tomber dans l'arbitraire, considérer le duel comme un crime ou un délit prévu par le Code pénal.

Seule, la Cour de cassation persiste dans son opinion. Nous devons donc, en présence de cette doctrine imposée par elle aux tribunaux français, envisager la position des complices ou témoins.

Supposons donc que le duel tombe sous l'application des art. 295, 296, 309 du Code pénal?

D'après l'art. 60, on pourra être complice du duel, sans en être témoin, par exemple en vendant ou en fournissant les armes pour le combat (Cass. 22 décembre 1837). Comment faut-il considérer les témoins? La Cour de cassation (16 novembre 1848) a déclaré avec raison qu'on peut se rendre simplement sur le lieu du combat, sans être complice. Par arrêt du 5 avril 1838, elle déclare en outre que les témoins ne sont pas complices, s'ils se rendent sur le terrain avec intention d'arrêter le combat, et s'ils font tous leurs efforts pour atteindre ce résultat. Cet arrêt a été critiqué par la doctrine. Il me semble pourtant irréprochable. Celui qui proteste contre l'exécution du crime, qui s'efforce de l'entraver, ne peut certes être puni pour une telle participation. En 1847, la Cour de Besançon (29 juillet 1847) renvoya de la plainte des témoins, sur le motif qu'ils avaient voulu empêcher le duel et qu'ils avaient pris des précautions pour rendre les chances égales. La Cour de cassation (2 septembre 1847) rejeta avec raison cette doctrine. Il y avait dans l'espèce une participation évidente; les précautions mêmes prises par les témoins et que constatait la Cour de Besançon, montraient bien que les témoins n'avaient pas persisté dans leur protestation. On a cru voir une contradiction à cette doctrine dans l'arrêt rendu par la

Cour de cassation le 2 août 1848. Cet arrêt est intervenu dans la même affaire ; la Cour de Dijon, saisie de l'affaire, avait bien conclu, comme la Cour de Besançon, au renvoi des témoins, mais en formulant tout autrement l'arrêt, qui fut alors maintenu par la Cour de cassation.

Ainsi, le témoin qui participe à l'exécution du duel est complice ; si le Tribunal constate chez les témoins l'intention d'arrêter le duel, intention prouvée par les faits, le témoin ne peut être considéré comme complice. Toutefois, il ne suffira pas d'une intention première, démentie ensuite, fût-ce même par les précautions les plus humaines que prendraient les témoins.

Le Suicide.

Le temps n'est plus où le suicide était puni par la loi !

Ce n'est aujourd'hui ni un crime, ni un délit prévu par le Code ! Cherchons la raison de cette exemption de pénalité. Faut-il invoquer l'art. 2 du Code d'instruction criminelle ? Faut-il invoquer ce principe, que toute action publique est éteinte par la mort ? Cette opinion me semble inadmissible. S'il en est ainsi, n'est-il pas évident que la tentative nettement caractérisée de suicide, qui échoue et laisse survivre le coupable, doit être frappée par la loi? D'ailleurs, si l'acte de s'ôter la vie était un crime, un dommage social, celui d'affecter la vitalité de son corps, en se retranchant, à plaisir, un ou plusieurs membres, ne devrait-il pas être également puni? Il devrait y avoir entre ces deux faits la même relation qu'entre l'homicide et les blessures volontaires.

Nous ne trouvons certes aucune disposition semblable dans la loi. Il ne peut donc être douteux que si le législateur n'a point frappé le suicide, c'est qu'il ne s'en est point reconnu le droit. Quelle serait, en effet, la base d'une pénalité sur le suicide?

Invoquera-t-on l'intérêt de la société, lésée par la perte d'un de ses membres?

Je conçois très-bien que la société ait l'intérêt et le droit d'assurer la sécurité à ses membres et à réprimer sévèrement tout attentat contre la personne. Mais lorsqu'un homme se suicide, comment pourrait-on atteindre le coupable, si coupable il y a, sans frapper en même temps la victime, puisque l'auteur du suicide réunit en lui ce double caractère? D'ailleurs, quelle que soit l'étendue des droits de la société, il me paraîtrait singulier que la société refusât à l'un de ses membres le droit de se retirer de son sein.

La société demande à l'individu le sacrifice d'une partie de sa liberté pour qu'il jouisse plus sûrement de l'autre partie; mais il ne me paraît pas inadmissible de reconstituer au profit de la société une espèce de servage qui, de père en fils, enchaînerait à perpétuité les hommes dès leur naissance, comme jadis les serfs de la féodalité.

Si la société ne peut puiser dans ses droits la possibilité de frapper le suicide, on ne peut invoquer contre cet acte que des lois religieuses ou morales. Il ne nous convient pas d'entrer dans cette discussion philosophique si ancienne. Mais il me semble que le législateur doit écarter ces idées; dès lors qu'un acte n'est pas contraire aux droits d'autrui, et ne viole pas le droit de la société, le législateur ne doit pas le frapper.

On peut formuler brièvement tous les arguments moraux invoqués pour frapper le suicide; tous reviennent à dire : « La vie de « l'homme appartient à son créateur, et il « n'est jamais permis d'y attenter. » Je conçois cet argument dans une discussion de morale et de religion, je ne le conçois pas dans le domaine de la loi;

La loi n'a pas le droit d'édifier une pénalité sur un dogme religieux ou sur une théorie philosophique. La loi ne peut intervenir, en pareil cas, que pour sauvegarder les droits lésés de la société.

Nous le répétons, l'individu peut toujours s'affranchir des lois de la société, en sortant de son sein ; où cesse la protection de la société, cessent ses droits. Le suicide n'est que la plus complète des séparations!

Mais quand l'auteur n'est pas coupable, le complice ne peut être puni. Donc, tout individu qui a provoqué ou facilité le suicide par un des moyens énumérés en l'art. 60; tout complice, dans le sens de la loi, doit être assuré de l'impunité. Je ne crois pas que ce point puisse être contesté ; la jurisprudence a consacré cette doctrine (Cass., 27 août 1815) : « La complicité d'un fait de suicide, dit l'arrêt, n'est punie par aucune loi pénale. »

En sera-t-il de même du coauteur? Un homme manifeste à un ami l'intention bien arrêtée de se tuer, mais il n'a pas la facilité ou la volonté de se donner lui-même la mort, l'ami accomplit cet office à sa requête formelle, est-il coupable? On dit : celui qui aide un autre à se tuer, commet un homicide volontaire.

Cet acte rentre dans les termes de la loi qui punit l'homicide. Cet acte doit donc être puni.

La jurisprudence consacre cette doctrine (Cass, 16 novembre 1827, 23 juin 1838). C'est

là, croyons-nous, une interprétation abusive.
La loi emploie un mot dans un sens particulier, vous le prenez dans un sens général. Il
n'est pas douteux que le législateur, dans les
articles 295, 296, 309, n'entende frapper l'assassin vulgaire. J'en conclus qu'il ne peut
avoir eu l'intention d'assimiler sous le même
mot, et dans la même peine, un meurtrier qui
diffère de l'assassin par le but, par les moyens,
par la moralité. Prenons des exemples : dans le
soulèvement terrible des Indes contre le des
potisme anglais, bien des victimes innocen-
tes furent frappées. On vit plus d'une fois se
renouveler un drame terrible : Une maison
isolée abritant des femmes, des jeunes filles et
un père de famille, abandonnés de tout secours. Au dehors, les Cipayes, avec eux, la
mort, avec eux aussi, la souillure, la honte, le
déshonneur pire que la mort. Eh bien ! quand,
cédant aux prières de sa femme ou de sa fille,
l'époux ou le père, détournant les yeux, laissait tomber un bras meurtrier sur des têtes
adorées, cet homme était-il donc un assassin ?

Sous la Terreur, l'échafaud entraînait avec
lui la confiscation. On vit alors, dans ces mauvais jours, se répéter un drame terrible. Dans
la prison, un père de famille voit se lever son
dernier jour ; il ne craint pas la mort, les
hommes de ce temps étaient supérieurs à cette

crainte, mais il voit, avec la confiscation, la ruine, la misère pour ses enfants ; affaibli par la maladie, il implore le bras d'un ami, d'un compagnon d'infortune, et assure, par un suicide, où il ne trouve qu'une mort, désormais inévitable pour lui, le pain quotidien à ses orphelins. — Cet ami était-il un assassin ?

Je pourrais encore soulever le voile sur les plaies secrètes des sociétés civilisées, et trouver telle victime écrasée dans les conflits terribles de la vie humaine, penchée sur le bord de l'abîme, dont le juste désespoir étouffe et fait taire le plus fort des instincts humains, l'amour de la vie ; un ami arrive, il est troublé par l'immensité d'une douleur irrémédiable, qu'il partage, il obéit à la prière fatale. Vous pouvez dire, avec votre cœur de chrétien, ou votre conscience de philosophe : Cet homme s'est trompé, Vous ne direz jamais : C'est un assassin !

Notre conviction est donc qu'en matière de suicide, comme en matière de duel, il y a une lacune dans la loi, et que l'auteur principal devant rester impuni, le complice ou coauteur doit être absous.

La doctrine est pourtant divisée. M. Carnot voit un outrage à la société dans le fait matériel de l'homicide, quel qu'il soit. C'est aussi l'avis de M. Ortolan (nᵒˢ 549, 1298, 130. *Élém.*

de droit pén.). Il nous faut avouer la gravité et le poids des raisons alléguées qui se fortifient par l'autorité du talent et de l'éloquence.

Cependant, notre conviction a résisté ; nous nous rangeons de l'avis de MM. Chauveau et Hélie, qui revendiquent l'impunité, non-seulement pour le complice, mais pour le coauteur du suicide.

Ils distinguent avec raison la volonté du fait et de l'intention criminelle. Le fait matériel de l'homicide, seul, ne peut constituer un crime, s'il est dépourvu d'intention criminelle. Alors, l'homicide existe, le crime n'existe plus. C'est là une observation commune au suicide et au duel : « La volonté de tuer n'est pas essentiel-
« lement criminelle ; le soldat qui fait feu sur
« l'ordre d'une autorité légitime, a la volonté
« de tuer..... Cette volonté revêt ensuite des
« nuances différentes, qui impriment aux faits
« qu'elle commet des degrés divers dans l'é-
« chelle de la criminalité. »

SOUSTRACTIONS FRAUDULEUSES ENTRE ÉPOUX, VEUFS, ASCENDANTS, DESCENDANTS, ALLIÉS AU MÊME DEGRÉ.

L'art. 380 du Code pénal est ainsi conçu :
« Les soustractions commises par des maris au
« préjudice de leurs femmes, par des femmes

« au préjudice de leurs maris, par un veuf ou
« une veuve, quant aux choses qui avaient ap-
« partenu à l'époux décédé, par des enfants ou
« autres descendants au préjudice de leurs
« pères ou mères ou autres descendants, par
« des pères et mères ou autres ascendants au
» préjudice de leurs enfants ou autres descen-
« dants, ou par des alliés aux mêmes degrés,
« ne pourront donner lieu qu'à des répara-
« tions civiles. — A l'égard de tous autres in-
« dividus qui auraient recélé ou appliqué à
« leur profit tout ou partie des objets volés, ils
« seront punis comme coupables de vol. »

A côté du texte de la loi, il convient de placer l'exposé des motifs qui en révèlent le véritable sens. « Les rapports entre ces personnes
« sont trop intimes pour qu'il convienne, à
« l'occasion d'intérêts pécuniaires, de charger
« le ministère public de scruter les secrets de
« famille qui, peut-être, ne devraient jamais
« être dévoilés, pour qu'il ne soit pas extrê-
« mement dangereux qu'une accusation puisse
« être poursuivie dans les affaires où la ligne
« qui sépare le manque de délicatesse du vé-
« ritable délit est souvent très-difficile à saisir ;
« enfin, pour que le ministère public puisse
« provoquer des peines dont l'effet ne se bor-
« nerait pas à répandre la consternation parmi
« tous les membres de la famille, mais qui

« pourrait être encore une source éternelle de
« division et de haine. »

Quelle est la pensée du législateur?

Il est évident qu'il n'a arrêté l'action publique, que parce que l'impunité du vol est une
plaie moindre pour la société que le déshonneur des familles. Cette répression ne serait
donc pas utile, elle serait d'ailleurs injuste, car
elle frapperait souvent la victime plus sévèrement que le coupable, en imprimant au chef
de la famille, par exemple, une tache indé-
lébile. C'est là, croyons-nous, la véritable
pensée du législateur. Le droit romain recon-
naissait les mêmes principes, appuyés sur les
mêmes considérations. Nous lisons aux Insti-
tutes (*De oblig. quæ ex delicto nasc.*, § 12) :
*Furti actio non nascitur, quia nec ex alia causa
potest inter eos actio nasci.* La loi ne peut
avoir vu, croyons-nous, une copropriété entre
les membres d'une même famille. La loi reconnaît bien à l'enfant un droit sur une por-
tion des biens du père, mais ce droit n'est pas
absolu, il est indéfini, éventuel, subordonné à
l'existence même des biens, et n'implique souvent aucun recours contre la dissipation paternelle, aucun droit de revendication contre
le tiers.

S'il y avait copropriété il n'y aurait pas vol,
et le recéleur devrait rester impuni, ou du

moins ne pourrait être traité comme un voleur (alinéa 2°, 380). Il y a donc bien vol, et
les complices devraient être par conséquent
poursuivis. Mais l'art. 380 fait encore fléchir
ici les règles du droit. Le texte nous semble
formel. Le législateur ne s'est pas borné à indiquer les personnes qu'il place à l'abri de
l'action publique, il indique dans le second
alinéa les personnes indignes de cette faveur.
Les complices ne sont nommés, ni dans le premier, ni dans le second alinéa, mais en matière de pénalité l'interprétation doit être res-
trictive, et il doit suffire que les complices ne
soient pas expressément dénoncés à l'action
publique, pour leur accorder le même bénéfice qu'aux auteurs. On conçoit d'ailleurs que
la poursuite des complices entraînerait souvent
la divulgation des secrets qui doivent rester
inconnus pour l'honneur des familles. La jurisprudence consacre cette doctrine (Paris,
24 mai 1839; Nancy, 29 janvier 1840).

Il nous reste une dernière difficulté à résoudre sur les recéleurs. Il n'est point douteux
qu'ils ne doivent être punis, il faut savoir comment ils doivent l'être. La loi nous dit : « qu'ils
seront punis comme coupables de vol. »

Comment faut-il entendre ces expressions ?
Selon certains interprètes, les recéleurs doivent
être punis comme s'ils étaient les auteurs prin-

cipaux d'un délit spécial ; dans cette interprétation, ils ne subissent pas l'influence des circonstances aggravantes, comme l'escalade ,
l'effraction qui auraient accompagné le vol
commis par des personnes désignées en l'article 380 ; on interprète ainsi étroitement la
lettre de la loi. M. Carnot a soutenu cette doctrine. Nous croyons que l'esprit de la loi est
contraire à cette interprétation. Il nous semble
impossible que les circonstances qui ont accompagné le vol n'influent pas sur le recéleur. Par
quelle fiction pourrait-on supposer le recéleur
coupable d'un vol autre que celui même qui a
été commis ? On ne peut changer la nature du
vol commis, ni supprimer arbitrairement les
circonstances qui l'ont accompagné, et comme
le recéleur est coupable de ce vol même et
non d'un autre, il nous paraît clair qu'il doit
en supporter toutes les conséquences.

L'exposé des motifs prouve que telle a été la
pensée du législateur ; il y est dit positivement :
« Toute autre personne qui aurait volé ou
« appliqué à son profit des objets provenant
« d'un vol dont le principal auteur serait
« compris dans l'exception, subirait la même
« peine que si elle-même eût commis le vol. »

En pareil cas, nous ne voyons donc que des
complices et non des auteurs principaux, dans
les personnes qui auraient recélé ou appliqué

à leur profit les objets du vol. Cette doctrine est partagée par M. Ortolan (*Étude de droit pénal*, n° 1314). Voici quelle est la pensée du législateur. Il ne modifie en rien les règles ordinaires du droit pénal ; seulement, il arrête l'action publique en faveur de certaines personnes, mais là se limite l'exception ; toute personne qui ne jouit pas du bénéfice de l'exception subit le sort commun.

L'adultère.

La complicité en matière d'adultère est régie par des lois spéciales qui dérogent au droit commun. Plusieurs questions difficiles sont soulevées par le texte de la loi :

Art. 336. « L'adultère de la femme ne pourra
« être dénoncé que par le mari, cette faculté
« cessera s'il est dans le cas prévu par l'art. 339. »

Art. 337. « La femme convaincue d'adultère
« subira la peine de l'emprisonnement pendant
« trois mois au moins et deux ans au plus. Le
« mari restera le maître d'arrêter l'effet de cette
« condamnation en consentant à reprendre sa
« femme. »

Art. 338. « Le complice de la femme adultère
« sera puni de l'emprisonnement pendant le
« même espace de temps, et, en outre, d'une
« amende de 100 fr. à 2,000 fr. »

Il suffit de lire ces articles pour voir que le complice de la femme adultère est soumis à une législation exceptionnelle.

Nous allons relever ces différentes exceptions au droit commun.

En premier lieu, il est dérogé au principe de l'assimilation du complice à l'auteur principal que la loi formule dans l'art. 59. En effet, le complice est puni plus sévèrement que la femme. Il peut être condamné non-seulement à la prison, mais encore à une amende de 100 fr. à 2,000 fr. Nous avons déjà signalé dans les Établissements de saint Louis (ch. 32) un cas analogue, tandis que la peine des larrons est la pendaison, la peine des femmes complices est plus sévère ; elles doivent être brûlées.

En second lieu, l'action du ministère public contre le complice d'adultère dépend de la décision du mari offensé.

L'adultère ne peut être poursuivi que sur sa dénonciation ; le mari tient donc en suspens, par ce droit de veto, à la fois le sort de la femme et le sort du complice. En effet, si le mari ne recule pas devant le scandale du procès, le complice doit être poursuivi. Le mari ne fait que suspendre l'exercice de l'action publique, mais dès qu'elle s'exerce elle doit avoir son libre cours.

Le mari, toutefois, n'usurpe pas les fonctions

du ministère public que poursuit seul l'adultère ; mais si le mari, dans sa plainte, n'a désigné que la femme, le ministère public peut-il
poursuivre d'office le complice? M. Carnot répond négativement, mais la Cour de cassation
a condamné avec raison cette doctrine (Cass.,
17 janvier 1829).

En troisième lieu, le sort du complice est lié
au sort de la femme : l'un ne peut être poursuivi si l'autre ne l'est pas.

Examinons les conséquences de ce principe
pour les complices, dans les cas de *pardon,* de
réconciliation et de *désistement* du mari.

Pardon. Quand le mari a renoncé à son
droit de veto, il a encore un droit de grâce. Il
peut pardonner et arrêter l'effet d'une condamnation déjà prononcée contre sa femme
(art. 337) ; dès qu'il y a condamnation irrévocable, le droit de grâce du mari ne peut s'exercer utilement qu'en faveur de la femme (Legraverend, Rauter, Mangin, F. Hélie (Cassation
rej., 17 janvier 1829). La loi, en effet, reconnaît deux droits au mari ; il peut, par son silence, prévenir le scandale du procès : c'est le
droit de veto ; il peut, s'il le veut, obtenir une
condamnation contre la femme adultère, et la
loi lui permet encore de faire remise de la
peine à l'épouse coupable : c'est le droit de
grâce. Mais c'est là une faveur toute person-

nelle à la femme. Pourquoi le ministère public ne peut-il poursuivre le complice, si le mari garde le silence ? C'est que la loi respecte le silence de l'époux qui ne veut point publier son déshonneur ; mais quand le procès a eu lieu, il n'y a plus de raison pour épargner le complice, il n'y a surtout aucune raison de supposer que le mari ait pour l'auteur de son déshonneur l'indulgence et la pitié qu'il a pour une épouse malheureuse et peut-être repentante ; toutefois, même après la condamnation, le pardon du mari pourrait encore intervenir utilement non-seulement pour la femme, mais encore pour le complice, si tous deux interjetaient appel, car l'appel remet tout en question ; c'est ce qu'a décidé la Cour de Paris (12 juin 1830).

Désistement. Si le mari se repent d'avoir cédé à sa colère, et d'avoir dénoncé l'adultère, il peut se désister, avant toute condamnation. En pareil cas, la loi romaine ne prohibait que le pacte fait à prix d'argent (loi *de criminibus, Code, L. ad legem Juliam de adulteriis, loi* 18 *au Code de transactionibus*). Chez nous, on a contesté au mari ce droit de désistement ; la Cour de cassation, dans un premier arrêt du 22 août 1818, le lui refuse. Mais elle est revenue sur cette opinion et je ne crois pas que ce droit de désistement puisse être contesté au mari.

La Cour de cassation a déclaré : « Que l'action
« du ministère public cesse d'avoir un carac-
« tère légal, lorsque, pendant les poursuites, le
« mari retire sa dénonciation par une plainte
« formelle (7 août 1823). Il me semble que si
le mari peut arrêter l'effet d'une condamnation prononcée, il peut à fortiori prévenir la
condamnation elle-même ; le désistement profite donc au complice. Le mari ne peut se désister envers sa femme et continuer à poursuivre le complice, car la condamnation de ce
dernier serait nécessairement la condamnation
morale de la femme, et détruirait ainsi la présomption d'innocence admise par la loi ; deux auteurs, MM. Bedel et de Vatimesnil, ont soutenu
à tort, croyons-nous, une opinion contraire ;
la Cour de cassation a formellement consacré ce
principe (cassation, 28 juin 1839) ; ainsi du moment que le désistement intervient avant la
condamnation, il profite au complice, la raison
en est claire : le désistement est la preuve légale de l'innocence de la femme, il fait disparaître toute culpabilité, il ne peut donc plus
être question de complicité.

Réconciliation. — De même que le désistement du mari, la réconciliation des époux
avant la condamnation, peut empêcher cette
condamnation, même après la dénonciation du
mari ; cette règle existait déjà en droit romain

(L. 11 c. ad. leg. Jul. d'adultériis) elle a été consacrée par l'art. 272 du Code civil, en matière de divorce. L'abrogation du divorce laisse toutefois subsister cet article en matière de séparation de corps et conséquemment pour la poursuite d'adultère, c'est ce qu'a reconnu formellement la Cour de cassation (7 août 1823). « Attendu dit l'arrêt, que l'art. 336 du Code pé- « nal doit être respecté dans la généralité de sa « rédaction avait admis les règles qu'il n'a pas « exclues » la réconciliation des époux profite encore au complice; ce n'est au fond qu'un désistement du mari fondé sur des considérations particulières. C'est ce que décide la Cour de cassation (Rej. 0 février 1839). « Attendu « qu'en matière d'adultère l'exception de ré- « conciliation appartient également à la femme « et au complice, puisqu'elle forme une fin de « non recevoir péremptoire contre la plainte « du mari, sans laquelle l'action du mari n'est « jamais admissible. »

L'indivisibilité du sort du complice et de la femme est vivement contestée dans certaines hypothèses que nous allons examiner

Une condamnation a été prononcée contre la femme adultère et son complice. Le complice a interjeté seul appel; le jugement de police correctionnelle a acquis, à l'égard de la femme, autorité de chose jugée. Quel sera en pareille circonstance l'effet du pardon du mari? doit-il profiter au complice?

La cour d'Angers (26 mai 1851) a appliqué dans l'espèce le principe de l'indivisibilité des deux causes et a refusé toute poursuite contre le complice. La Cour de cassation a condamné cette doctrine par deux arrêts (Paris 17 janvier 1829, Cass. 29 avril 1854). Il nous semble que le complice doit être puni; sans doute, l'appel met la cause en question, mais cela n'est vrai que pour le complice; il faut remarquer que la culpabilité de la femme est devenue une vérité légale; que le sort de la femme est défi-nitif, qu'il n'y a donc plus indivisibilité, et que le sort du complice est désormais indépendant. D'ailleurs, si le mari n'a pas exercé son droit de veto, c'est qu'il n'a pas reculé devant le scandale du procès; s'il exerce son droit de grâce, c'est une faveur toute personnelle à la femme. Dira-t-on que la poursuite du com-plice en appel, en faisant recommencer le pro-cès, expose le mari à un second scandale? Il me semble que le mal est déjà produit, et que si le mari l'avait redouté, il n'avait qu'à exer-cer le droit de veto. MM. Chauveau et Hélie combattent cette doctrine. « Comment admet-« tre, lorsque les époux réconciliés sont réu-« nis, lorsque le fait d'adultère n'est point « scellé par une certitude judiciaire complète,

« qu'une seconde instance pourra s'ouvrir pour
« constater ce fait, et que les débats publics
« retentiront de ses preuves ? » Ces raisons sont
graves, mais tout a une limite, même l'intérêt
de la paix du ménage. MM. Chauveau et Hélie
nous semblent avoir fourni eux-mêmes un argument qui détruit ces raisons. Ils ajoutent plus
loin. « Il est évident au reste que toute diffi-
« culté cesserait si le désistement était inter-
« venu pendant les délais de l'appel et avant
« que le jugement eût acquis le caractère de
« chose jugée vis-à-vis de l'un ou de l'autre
« des prévenus; ce désistement profiterait né-
« cessairement à l'un et à l'autre. » Voilà le
remède au mal signalé, le mari s'il ne veut voir
recommencer le procès n'a qu'à pardonner à
temps. Telles sont les questions diverses que
l'indivisibilité du complice et de la femme
adultère soulève dans l'application.

En quatrième lieu. — Il faut noter une autre
dérogation au droit commun. Il est de principe que, le décès de l'auteur principal ne peut
assurer l'impunité du complice, on ne saurait
appliquer ce principe en matière d'adultère;
l'indivisibilité exige que le complice ne soit
pas poursuivi. Il est évident que le ministère
public ne pourrait agir sans violer le droit de
veto du mari, sans violer la lettre et l'esprit de
la loi, qui ne veut pas qu'un procès scandaleux

et déshonorant, puisse s'ouvrir, malgré la volonté du mari. Il en serait autrement, si le décès de la femme ne survenait qu'après un jugement passé en force de chose jugée; l'indivisibilité cesserait alors. (Paris, 3 janvier 1849. Cass., 8 mars 1850.)

En cinquième lieu. — La preuve de la complicité est très-limitée. « Il importait, a dit « l'orateur du Corps législatif, de fixer la na « ture des preuves qui pourraient être admises, « pour établir une complicité que la malignité « se plaît trop souvent à trouver dans des in « dices frivoles. »

Les Tribunaux n'admettent que deux natures de preuves : le flagrant délit et les lettres ou pièces écrites par le prévenu. Que faut-il entendre par flagrant délit? L'art. 41 du Code d'instruction criminelle, nous le définit ainsi. Le délit qui se commet actuellement ou qui vient de se commettre. D'autre part, les art. 32 et 49 veulent que le flagrant délit soit constaté de suite par procès-verbal et audition de témoins. La définition est donc très-restreinte. Faut-il en conclure que le flagrant délit doit être constaté *hic* et *nunc*, et que, dans l'intérêt de la paix des familles, toutes recherches postérieures demeurent prohibées? La jurisprudence a varié sur cette question. (Affirmative. Angers, 8 mai 1820. Reg., 23 août 1834. Négative. Poitiers, 4 février 1837. Paris, 8 juin 1837. Orléans, 15 juillet 1837.) La Cour de cassation a décidé que le juge pouvait apprécier le flagrant délit par des faits postérieurs. (Reg., 22 septembre 1837, 25 septembre 1847.) Il nous semble toutefois que si on veut laisser au juge cette latitude, il ne devra entrer dans cette voie qu'avec la plus grande réserve et éviter les indices frivoles, que « la malignité se plaît trop souvent à trouver. » Il n'est pas moins difficile de s'entendre sur ce qui constitue les pièces écrites. Ainsi, on a décidé que le juge ne devra admettre que les pièces écrites bien avérées, qu'il ne faut point admettre les lettres écrites par la femme au complice et annotées par celui-ci ; les lettres écrites pour le complice par un tiers (Paris, 23 mars 1826) ni même l'interrogatoire signé par le prévenu et contenant l'aveu du délit, car il n'a pas toute sa liberté morale. (Paris, 18 mars 1820.)

En sixième et dernier lieu. — Il faudrait, selon certains auteurs, ne pas voir un cas de complicité dans certains faits qui semblent la constituer d'après le droit commun.

La complice du mari, la concubine entretenue dans le domicile conjugal peut-elle être poursuivie comme complice ? MM. Carnot et Rauter soutiennent la négative ; on trouve en ce sens un arrêt de la Cour de Paris (6 avril 1812). Dans cette doctrine, on argumente des art. 336 à 339; ces articles auraient apporté de nouveaux principes en matière de complicité, et abrogé les règles ordinaires. Il nous semble, au contraire, que c'est une règle d'interprétation juridique, de ne déclarer un principe abrogé que s'il est formellement contredit par une disposition contraire. Nous rappellerons un arrêt de la Cour de cassation déjà cité (7 août 1823) : « Attendu que l'art. 336 du « Code pénal doit être réputé dans la généra- « lité de sa rédaction avoir admis des règles « qu'il n'a pas exclues. » Il nous semble donc que les règles ordinaires de la complicité doivent s'appliquer en matière d'adultère, quand il n'y est pas expressément dérogé. D'ailleurs, la concubine du mari est-elle digne de l'impunité? Ne trouble-t-elle pas la paix du ménage? Sa présence au domicile conjugal n'est-elle pas une grave injure pour la femme? il nous semble donc que l'exception sur ce point doit être repoussée, et que la concubine doit être punie comme complice.

PROSTITUTION, RAPT.

Ces divers crimes soulèvent quelques questions de complicité assez difficiles :

Rapt. — L'art. 337 du Code pénal déclare que le mariage du ravisseur avec la fille mineure, qu'il a enlevée, arrête l'action publique. En est-il de même du complice ? Le mariage, aux yeux de la loi, répare le préjudice causé. Le législateur redoute d'ailleurs un procès scandaleux, et constitue un nouveau droit de veto, comme pour le mari victime d'un adultère, en faveur des personnes qui ont droit de demander la nullité du mariage. La poursuite du complice déjouerait ces sages précautions. On conçoit qu'il sera impossible aux Tribunaux de poursuivre le complice, sans appeler la jeune fille à déposer comme témoin de son propre déshonneur. Le complice doit donc rester impuni. Nous ne pouvons que déplorer un arrêt de la Cour d'assises de la Seine (26 mars 1834) qui refuse d'étendre au complice l'exception introduite en faveur du ravisseur. Cette décision méconnaît la pensée du législateur et viole ses plus sages prescriptions.

La Cour de cassation a condamné cette doctrine (cassation, 2 octobre 1852).

Prostitution. — Une mère prostitue sa fille mineure ; l'individu à qui elle l'a prostituée, peut-il être poursuivi comme complice ? Il est de jurisprudence aujourd'hui que l'art. 334, du Code pénal ne s'applique pas à l'individu qui débauche une fille mineure pour ses passions personnelles ; il ne frappe que l'homme qui fait métier de ce trafic : le proxénète. Mais on a soulevé la question de savoir, si l'individu qui échappe ainsi à l'article 334 comme auteur principal peut être poursuivi comme complice? M. le procureur général Dupin a soutenu que cet acte était licite, parce que la complicité en matière de mœurs est régie par des principes particuliers. On répond d'autre part que les principes des articles 59 et 60 doivent toujours être appliqués, quand la loi n'y déroge pas expressément. C'est ce qu'exprime le texte de l'article 60, sauf les cas où la loi en aurait disposé autrement (cassation, 8 août 1841, Rom. 25 septembre 1841).

CORRUPTION DES FONCTIONNAIRES PUBLICS.

L'article 177 du Code pénal est ainsi conçu :

Article 177. « Tout fonctionnaire public de
« l'ordre administratif ou judiciaire, tout agent
« ou préposé d'une administration publique
« qui aura agréé des offres ou promesses ou
« reçu des dons ou présents pour faire un acte
« de sa fonction ou de son emploi, même juste
« mais non sujet à salaire, sera puni de la
« dégradation civique et condamné à une
« amende du double de la valeur des promes-
« ses agréées ou des choses reçues, sans que
« ladite amende puisse être inférieure à deux
« cents francs. La présente disposition est ap-

« plicable à tout fonctionnaire, agent ou pré-
« posé de la qualité ci-dessus exprimée, qui,
« par offres ou promesses agréées, dons ou
« présents reçus, se sera abstenu de faire un
« acte dans l'ordre de ses devoirs. »

D'autre part, l'art. 179 est ainsi conçu :

Article 179. « Quiconque aura contraint ou
« tenté de contraindre par voie de fait ou de
« menaces, corrompu ou tenté de corrompre
« par promesses, offres, dons ou présents, un
« fonctionnaire, agent ou préposé de la qualité
« exprimée en l'art. 177, pour obtenir, soit
« une opinion favorable, soit des procès-
« verbaux, états, certificats ou estimations
« contraires à la vérité, soit des places, emplois,
« adjudications, entreprises ou autres bénéfices
« quelconques, soit enfin tout autre acte du
« ministère du fonctionnaire, agent ou pré-
« posé, sera puni des mêmes peines que le
« fonctionnaire, agent ou préposé. »

Toutefois, si les tentatives de contrainte ou
corruption n'ont eu aucun effet, les auteurs de
ces tentatives sont simplement punis d'un emprisonnement de trois mois au plus et d'une
amende de cent francs à trois cents francs.

Il y a une différence notable dans ces deux
articles ; l'art. 177 reconnaît deux manières
d'être corrompu : pour faire un acte de sa
fonction, pour s'abstenir de faire son devoir.

Au contraire l'art. 179 qui frappe les corrupteurs, ne parle pas de celui qui corrompt un fonctionnaire pour s'abstenir ; le texte est formel ; le corrupteur en pareil cas sera donc impuni ; c'est ce que décide la Cour de cassation (reg. 23 avril 1841). La Cour de cassation décide également que le corrupteur doit être puni comme le fonctionnaire de l'art. 177 pour avoir sollicité un acte, même juste en lui-même (cassation du 4 mars 1824).

ARRESTATION ILLÉGALE, SÉQUESTRATION.

Ce crime fait naître un cas tout spécial de complicité, qui est tout à fait en dehors des prévisions de l'art. 60.

On lit dans l'art. 341.

Article 341. « Seront punis de la peine des
« travaux forcés à temps, ceux qui, sans ordre
« des autorités constituées et hors le cas où la
« loi ordonne de saisir des prévenus, auront
« arrêté, détenu et séquestré des personnes
« quelconques, ou qui aura prêté un lieu pour
« exécuter la détention ou séquestration, subira
« la même peine. »

Comment le prêt d'un lieu avec connaissance de cause fait-il constituer un cas de complicité ?

Nous reproduisons en l'adoptant, l'explication très-ingénieuse de MM. Chauveau et Hélie.

« La loi a vu dans ce prêt d'un local propre à
« la détention, la fourniture en quelque sorte
« d'un instrument nécessaire pour commettre
« l'action. »

CHAPITRE III.

SECTION Ire.

**I. *Exceptions et contradictions au principe
d'assimilation.***

L'exception, dit-on, confirme la règle; ce
sont en effet les exceptions qui sont souvent le
meilleur moyen de juger la règle. Les exceptions, que la loi apporte au principe d'assimila-
tions, sont de nature diverse. Les unes sont fondées sur l'ordre public, les autres méritent
réellement le nom de contradictions et sont une
critique amère du principe de l'art. 59.

I. EXCEPTIONS D'ORDRE PUBLIC.
(Art. 67.)

La responsabilité ne peut exister sans le
sens moral; il est clair que la faute ne peut
être imputée, si le coupable n'a pas conscience
de ses actes. De même qu'un fou restera im-

puni, puisqu'il n'a plus le libre exercice de ses facultés intellectuelles, de même l'enfan tne doit pas être puni quand il n'a pas encore l'exercice entier de ses facultés. Mais l'intelligence se développe inégalement chez les individus. La loi a dû fixer une limite aux juges; après 16 ans l'homme est réputé jouir de ses facultés entières; avant cet âge, c'est une appréciation à faire. Il y aura toujours une présomption légale, c'est que le discernement ne sera jamais complet, aussi la peine est-elle toujours mitigée. Mais le discernement peut faire totalement défaut, dans ce cas l'acquittement sera prononcé. Le principe d'assimilation ne pourra donc être appliqué. Le complice du mineur de 16 ans ne doit pas profiter de l'abaissement ou de l'atténuation de la peine de l'auteur principal, tandis que le mineur de 16 ans, coupable de complicité, ne pourra être assimilé pour la peine à l'auteur principal.

(Art. 100.)

L'indulgence est quelquefois plus efficace que la rigueur. C'est d'ailleurs l'intérêt de la société, c'est son devoir d'être indulgente, quand elle peut atteindre aussi sûrement la répression des crimes. La sédition est un crime qui se commet presque toujours par entraînement. Dans toute émeute, il y a des chefs, des acolytes et une foule de curieux, d'oisifs, qui se rendent complices d'un attroupement séditieux par faiblesse ou par imitation irréfléchie. La loi fait précéder alors la répression de sommations. L'impunité est assurée au citoyen qui obéit à la sommation légale. Le délit d'attroupement séditieux est pourtant accompli, et la complicité des individus qui se retirent, est bien évidente; mais leur retraite n'indique pas seulement un repentir favorable, elle peut prévenir l'effusion du sang en affaiblissant la confiance des chefs, en ébranlant la résolution de ceux qui se voient abandonnés, en inspirant à tous des réflexions salutaires. C'est donc l'ordre public qui exige que les rigueurs de l'art. 89 soient anéanties.

(Art. 108, 138, 114, 281, 283, 283.)

Il y a des crimes qu'on peut prévenir, mais non réparer; la loi doit avant tout chercher à les prévenir. De ce nombre il faut citer l'altération des monnaies de l'État. La répression du coupable en pareil cas ne peut rétablir le crédit public, ni rappeler la confiance; on comprend donc que la révélation d'un pareil crime soit un service important rendu à la société; le délateur peut être arrêté dans sa révélation,

par son intérêt personnel, s'il craint le châti-
ment de sa complicité. La loi le rassure et lui
promet l'impunité.

Toutefois l'impunité n'est promise qu'à certaines conditions. La révélation doit précéder
la consommation du crime, la fabrication des
pièces fausses ; elle doit aussi précéder toute
poursuite. Si ces conditions ne sont pas remplies, l'impunité n'est plus assurée au complice,
car il n'a agi que dans un intérêt personnel et
non dans un intérêt public. Le législateur de
1810 avait édicté des rigueurs exorbitantes,
que la révision de 1832 a fait disparaître ;
toute personne même non complice qui avait
connaissance de la fabrication de fausse monnaie et ne le révélait pas était passible d'un à
deux ans d'emprisonnement (ancien art. 136).

Le législateur a également considéré que les
ouvrages, chansons, gravures qui offensent la
morale ou l'ordre public présentent un danger
irréparable, s'il n'est prévenu. L'impunité est
donc assurée au complice par une révélation
faite en temps opportun.

(Art. 114, 160.)

L'autorité suppose l'obéissance, rien n'affai-
blit donc le principe d'autorité, comme la discussion de l'ordre donné, discussion qui peut

aboutir à un refus d'obéir. L'impunité est la conséquence de la non-responsabilité de l'agent. Si le subordonné doit obéissance passive, il cesse d'être responsable. La loi militaire, par exemple, produit cette conséquence.

La centralisation extrême organisée par l'empire, influe sur les règles ordinaires du droit pénal. On a voulu donner à l'administration quelque chose de la puissance militaire. On a rendu le subordonné irresponsable, pour être sûr que dans les circonstances urgentes aucun obstacle n'entraverait l'action de l'autorité supérieure; ainsi, toutes les fois que les actes exécutés sont du ressort d'un fonctionnaire hiérarchiquement supérieur, le subordonné est irresponsable et doit obéissance passive. La loi est formelle, mais il nous semble que la loi ne repousse pas un tempérament proposé par MM. Chauveau et Hélie. Les exigences de la vie civile ne peuvent être celles de la vie militaire. Si un grand danger menace la société, la loi martiale peut être proclamée; mais, dans les conditions ordinaires, il ne peut s'élever de conflit qu'entre l'administration et le citoyen, et il nous semble que les droits de ces derniers doivent être sauvegardés contre des abus dangereux. Je comprends que l'expression des scrupules, des craintes personnelles chez le subordonné pourrait arrêter l'action de l'administration ; mais il me semble avec MM. Chauveau et Hélie, que lorsque la criminalité de l'ordre donné serait flagrante, le subordonné ne saurait étouffer sa conscience impunément, et il nous semble préférable, en pareil cas, de courir le risque d'entraver l'administration plutôt que de renoncer à une sauvegarde de plus contre la perpétration d'un crime qui menace les citoyens.

L'ordre public apporte encore en pareil cas une nouvelle exception ; si le crime est ordonné par le supérieur hiérarchique, il sera seul puni, bien que les règles ordinaires ne feraient voir en lui qu'un complice.

(241-248.)

Celui qui facilite l'évasion d'un prisonnier doit être puni sévèrement. Il y a là un grand danger pour l'ordre public. Aussi, la loi punit-elle plus sévèrement le complice de l'évasion que le fugitif.

II. *Contradictions.*

Nous qualifions les exceptions qui suivent de contradictions ; c'est que ces exceptions ne sont point légitimées par un motif d'ordre public. Elles indiquent seulement que le législateur a reculé devant certaines conséquences logiques de son système, et s'est condamné lui-même par ces contradictions.

L'art. 268 punit les associations contre les personnes, mais il punit plus sévèrement les chefs de l'entreprise.

Les articles 292, 294 sévissent contre les associations de plus de vingt membres qui ne sont pas autorisés par le gouvernement, mais ils sévissent plus fortement contre le président; si un membre s'est rendu coupable de provocations contre l'ordre établi, il subit seul l'agravation de peine.

L'art. 414 réprime les grèves d'ouvriers, mais punit plus sévèrement le chef de la coalition.

Si nous examinons sur quel motif sont fondées ces diverses exceptions, nous ne pouvons en trouver qu'une. Le législateur a jugé dans ces hypothèses que le chef était plus coupable que ses complices; il en a conclu que comme tel il devait être plus puni. Aucun motif d'ordre public n'apparaît ici; la loi se guide donc sur l'étendue de la participation pour fixer la peine de chaque coupable. Quelle contradiction flagrante avec le principe d'assimilation posé par l'art. 59? Qu'on ne dise pas que, proportionner la peine à la participation, et punir plus sévèrement celui qui est le plus coupable, est un motif d'ordre public. Si c'est là un motif d'ordre public, il est bien évident que ce motif n'existe pas seulement dans les hypothèses spéciales que nous venons de signaler, mais qu'il existe dans toute hypothèse. Ce principe général condamne énergiquement l'assimilation absolue du complice et de l'auteur principal. Quand on veut déroger à un principe adopté et introduire une exception, il faut s'appuyer sur un motif spécial, particulier à la circonstance où on se trouve ; autrement l'exception introduite est injuste. Nous sommes donc en droit de poser au législateur ce dilemme : votre exception est une erreur ou une contradiction. Car, de deux choses l'une, ou le principe qui légitime cette exception, le principe de la distinction de l'auteur principal et du complice est faux, ou il est juste.

S'il est faux, l'exception qui est fondée sur lui est une erreur.

S'il est juste, c'est un principe général ; il doit s'appliquer toujours, l'exception n'est alors qu'une contradiction. Or, le principe de proportionner la peine à la faute, nous paraît incontestable. Voilà pourquoi nous concluons que les exceptions que nous venons d'étudier ne sont qu'une contradiction échappée au législateur, qui condamne le principe de l'assimilation.

CHAPITRE IV.

ATTÉNUATION DU PRINCIPE D'ASSIMILATION.

Nous avons étudié le système de l'assimilation du complice à l'auteur principal, adopté par le Code pénal en matière de complicité, nous en avons déploré la rigueur draconienne. Nous avons attaqué ce système, au nom des principes rationnels de la complicité, au nom des conséquences pratiques qu'il entraîne, conséquences injustes, dangereuses et contradictoires; mais nous avons encore à répondre à une dernière objection. Nous avons ajourné notre réponse à ce moment, parce que la connaissance des faits était importante pour son intelligence.

Voici l'objection :

L'assimilation absolue du complice à l'auteur principal est injuste quelquefois, mais la loi apporte plusieurs remèdes au mal ; elle atténue diversement, selon les circonstances, la rigueur du principe. La loi évite ainsi tout reproche, parce que les tempéraments qu'elle apporte à son principe, permettent de proportionner la peine à la faute.

Avant de répondre, voyons quelles sont les atténuations des principes?

Elles sont au nombre de trois :

1° Maximum et minimum ;

2° Circonstances atténuantes ;

3° Acquittement.

Étudions séparément chacune de ces atténuations.

1° *Maximum et minimum.*

Dans bien des cas le juge a une certaine latitude dans l'application de la peine qui flotte entre un maximum et un minimum, si le complice lui paraît digne d'indulgence, il peut donc lui appliquer le minimum et réserver le maximum à l'auteur principal. Cette latitude existe-t-elle dans tous les cas? Évidemment non, car la peine perpétuelle est absolue et ne comporte aucune graduation ; le maximum et le minimum ne peuvent donc exister que dans les peines temporaires ou pécuniaires.

2° *Circonstances atténuantes.*

Les circonstances atténuantes permettent au juge d'abaisser la peine d'un ou deux degrés, l'article 463 qui les applique est général ; remarquons toutefois que l'abaissement n'est que

d'un ou deux degrés ; ainsi, la peine de
mort sera réduite aux travaux forcés à temps.
Le but de leur introduction a été de tenir
compte des variabilités de la participation.
M. Dumont disait : « Qu'importe que la com-
» plicité ne puisse toujours être assimilée équi-
» tablement au crime principal, si l'admis-
» sion des circonstances atténuantes rétablit
» les différences que l'assimilation générale du
» complice à l'auteur du crime a négligées. »
Ces différences sont-elles rétablies, c'est une
question qui ne peut être résolue que par
l'examen des faits, elle n'est susceptible que
d'une solution pratique, nous allons bientôt le
chercher.

3° *Acquittement.* — Si le juge trouve la peine
trop exhorbitante pour la complicité, il peut
acquitter, il a toujours cette dernière ressource,
si l'assimilation entraîne comme conséquence
une pénalité qui alarme sa conscience.

On connaît l'objection et les remèdes qu'elle
propose.

Voici notre réponse ;

Nous avons fait remarquer que le maximum
et le minimum ne pouvaient intervenir dans
une peine perpétuelle qui est absolue, et ne
comporte aucune gradation. Il est incontestable
que la peine perpétuelle est la plus terrible ;

or, si l'assimilation absolue est injuste, cette injustice doit évidemment croître en raison directe de l'élévation de la peine; c'est donc lorsqu'on applique la peine la plus grande, que l'injustice de la théorie sera aussi la plus forte. Il semble que les maux les plus grands sont ceux qu'il importe le plus de prévenir. Quel prix attacherait-on à un remède efficace contre un mal léger, mais impuissant contre un mal dangereux? C'est là pourtant l'effet de ce premier tempérament: le maximum et le minimum. Il ne pourra jamais intervenir dans les peines perpétuelles, c'est-à-dire dans les peines où il serait le plus urgent qu'il intervînt.

Un tel remède est-il suffisant?

Passons aux circonstances atténuantes.

Atteignent-elles leur but?

Rétablissent-elles les différences capitales que l'assimilation a négligées?

C'est là, avons-nous dit, une question de fait. Voyons les faits.

Je prête un bâton à un ami qui me promet de se borner à donner une correction à son ennemi : la colère l'emporte, il tue son adversaire.

L'art. 59 me ferait monter sur l'échafaud pour avoir prêté le bâton, les circonstances atténuantes me font la grâce de m'envoyer au bagne.

Je trouve la grâce insuffisante.

Nous nous mettons deux pour tuer un homme, je repousse les secours qui auraient pu prévenir le crime pendant que l'autre frappe. On m'applique l'art. 463, j'évite l'échafaud, et vais au bagne, personne ne me plaindra.

Je pourrais citer une infinité de faits analogues ; je trouverais le remède des circonstances atténuantes, tantôt efficace, tantôt insuffisant.

Si j'analyse les faits, j'arrive bientôt à cette conclusion : le Code pénal confond, sous le nom de complicité, deux participations différentes : celle qui donne naissance au crime, celle qui le facilite. Dans tous les faits qui présentent la participation d'un coauteur, l'atténuation de l'art. 463 est suffisante ; quand il s'agit d'un complice, l'atténuation est parfois illusoire et laisse subsister une pénalité révoltante ; je conclus de là que le législateur a eu en vue les auteurs dans l'art. 463, et les auteurs seuls, qu'il n'a pas songé aux complices. Ce n'est qu'après coup que les commentateurs, pour remédier aux vices choquants du principe de l'assimilation, ont voulu utiliser l'atténuation des circonstances atténuantes et l'appliquer aux complices, pour qui elle n'avait pas été faite. Il ne faut donc point s'étonner si le remède est insuffisant. Ainsi, les deux premiers tempéraments sont bien impuissants. Que dire du troisième moyen d'atténuation : l'acquittement? C'est là certes une étrange façon d'atténuer la peine que de la supprimer. On tombe d'une extrême dans l'autre; la peine est trop forte, que faut-il faire? la proportionner à la faute. Que fait-on? On supprime toute peine. Ce n'est pas là un tempérament, c'est un expédient et des plus mauvais, ainsi que nous allons le voir.

Cet expédient ne laisse au juge que l'alternative suivante : violer la loi, violer sa conscience! Il viole la loi, s'il acquitte; il viole sa conscience, s'il applique une pénalité injuste.

Qu'arrivera-t-il? l'issue de ce conflit est toujours funeste à la justice, mais elle sera toute différente, s'il s'agit de crimes ou s'il s'agit de délits.

Le juge du crime est le juré; le juré dans sa mission est équitable, faible, ignorant du droit : équitable, car sa raison ne s'est jamais exercée au raisonnement juridique, il ne peut donc juger que selon les impressions de sa sensibilité, c'est-à-dire, selon l'équité; faible, parce que, transporté brusquement de la vie domestique dans une cour d'assises, il ne peut se défendre d'une émotion toujours grande, émotion que nourrit encore l'éloquence du défenseur, les péripéties pathétiques de l'audience et le scrupule toujours grand de frapper son semblable. Ignorant du droit, parce que le plus souvent il ne s'est jamais occupé d'études juridiques et qu'il ignore, je ne dis pas la loi qu'il n'a pas à appliquer, mais les principes juridiques qui devraient le guider dans une saine appréciation des faits.

Qu'arrivera-t-il, lorsque les imperfections du système de l'assimilation frapperont injustement le complice malgré des atténuations incomplètes?

Entre sa conscience et la loi, le juré n'a jamais hésité. Il viole la loi, il ne recule pas devant un mensonge pieux, il va même jusqu'à nier les faits avancés par l'accusé lui-même; la loi de la nation est violée.

En matière de délits, c'est l'inverse qui arrive.

Le juge correctionnel ne peut voir impunément se dérouler chaque jour devant ses yeux cette suite uniforme de criminels. Il croirait volontiers qu'on ne peut trouver un honnête homme sur le banc des prévenus, parce que l'honnête homme y est rare.

Il est donc blasé et sévère.

N'est-il pas bien rare que la crainte d'être trop sévère arrache un acquittement au juge correctionnel?

La loi n'est pas violée, mais la justice ne s'en trouve pas mieux.

L'objection opposait trois ressources pour atténuer la rigueur de la loi. Deux sont insuffisantes, la troisiè ne n'est qu'un expédient funeste.

CHAPITRE V.

PROCÉDURE.

Il nous reste plusieurs questions de procédure à examiner.

Jury.

Le rôle de jury est délicat ; la plus grande précision est nécessaire dans les questions et les réponses. Le Jury doit seulement constater les faits, il n'a pas à apprécier, s'ils sont constitutifs de la complicité. On ne peut légalement poser au jury la question de savoir si l'accusé est complice ou auteur (cassation 18 novembre 1847). La Cour de cassation a cassé également la déclaration complexe du jury, que l'accusé est coupable du fait *énoncé dans la question.* (2 juillet 1813, 3 mars 1814, 15 déc. 1814, 26 janvier 1818, 5 février 1824, 14 oct. 1825), la forme alternative dans la question n'est pas absolument prohibée ; on peut confondre sous cette forme, et dans une seule question plusieurs modes de complicité, mais il faut que chaque mode soit nettement déterminé par ses éléments caractéristiques (cassation, 27 oct. 1803, 26 déc. 1834, 18 septembre 1840, 4 avril 1844, 23 nov. 1848). Mais cette forme demeure prohibée, si les modes de complicité et les peines qui frappent chacun d'eux sont différentes (cassation, 22 juillet 1847, 20 nov. 1848).

Toutefois on peut réunir plusieurs questions en les distinguant par les numéros, un, deux, etc.

La Cour de cassation nous paraît avoir méconnu les exigences légitimes de la loi dans un arrêt du 12 février 1818. Il s'agissait d'un crime de faux. Le jury avait déclaré simplement l'accusé coupable de complicité avec connaissance. On rejeta le pourvoi, « attendu « que la question posée au jury énonçait ous « les cas de complicité prévus par le Code pénal « et que le jury ayant répondu que l'accusé « était coupable avec connaissance, se réfère « à la question, et établit contre l'accusé une « complicité légale du crime de faux. » Il y a là, croyons-nous, une interprétation arbitraire. La Cour de cassation interprète la réponse en ce sens qu'il y a eu majorité affirmative sur chacun des faits énoncés dans la question.

Il se pourrait très-bien que la majorité n'ait pût se former sur aucun des faits pris isolément, et que la majorité se soit fondée sur des motifs tout différents. Il faut également regretter une décision de la Cour de cassation selon laquelle il suffit que les caractères de complicité soient exposés dans le résumé de l'acte d'accusation pour que le jury puisse valablement se borner à déclarer l'accusé coupable de complicité du fait déclaré contre l'auteur principal (26 mars 1813). « Cette décision, disent MM. Chauveau « et Hélie, isolée d'ailleurs dans la jurispru- « dence, ne doit pas être suivie, elle est une « déviation évidente du principe qui veut « renfermer les actes de complicité dans les « termes de la loi pénale. »

Les réponses du jury doivent être explicites comme les questions. La réponse comme la question doit se conformer en tout point à l'article 60. Ainsi dans le cas de complicité par provocation, il faut, dans la question, spécifier le fait de la provocation par dons, promesses, menaces, etc. (cassation, 2 juillet 1813, 3 mars et 15 déc. 1814, 28 juin 1816, etc.).

Il y a des crimes tels que le viol, où l'is- tance est nécessairement criminelle (cassation 29 janvier 1829). Il n'est jamais nécessaire de détailler les modes d'assistances (Reg., 17 fév. 1844). Il n'est pas non plus nécessaire que les faits élémentaires soient déterminés, lorsque les accusés sont déclarés, non pas complices, mais coauteurs du crime (317-1818), il est indispensable pour la question et la déclaration du jury, de mentionner que l'accusé a agi avec connaissance (cassation, 10 oct. 1816, 4 janvier 1839, 13 juillet 1843, 24 juillet 1847). Il ne suffirait pas que le jury déclare l'accusé coupable d'un vol, en aidant ou en assistant l'auteur de ce vol dans les faits qui l'ont préparé ou consommé ; le jury doit déclarer expressément qu'il a agi avec connaissance (cassation, 26 sept. 1828). Du reste, le mot connaissance n'est pas sacramentel (cassation, 3 août 1835); le jury toutefois ne doit pas être trop explicite, il ne doit pas ajouter à la loi. Un meurtre avait été commis avec préméditation. Le Président posa la question de préméditation à l'égard du complice, le jury ne se borna pas à répondre que le complice était coupable avec connaissance, il ajouta que le complice était coupable avec préméditation. La Cour de cassation a condamné avec raison cette réponse. « Attendu « qu'il doit, aux termes de l'article 59 du Code « pénal, être puni de la même peine que l'au- « teur principal; qu'ainsi, en posant la question « de préméditation à l'égard du complice, le

« Président des assises a violé les règles tracées
« par le Code d'instruction criminelle et les
« articles ci-dessus visés (cassation, 18 juin
1843, 27 juin 1839). La loi de 1836 a rendu
l'observation de ces règles plus importantes
encore. La question doit être divisée : il doit y
avoir un vote spécial sur le fait et sur chacune
des circonstances, le jury ne pourrait répondre ; l'accusé n'est pas l'auteur, mais il est le
complice.

Jugement.

Nous avons déjà dit que le décès, la fuite,
l'acquittement de l'auteur principal n'influaient
pas sur le sort du complice, dès que le fait punissable est constant. La jurisprudence est unanime en ce sens (cass., 6 mars, 24 avril, 12 septembre 1812, 23 avril 1813).

Il faut que les débats viennent éclaircir l'affaire, pour que le rôle de chaque auteur soit
bien connu ; au début de la poursuite les actes
d'instruction peuvent donc imputer à chaque
inculpé le délit sans préciser la coopération de
chacun. L'arrêt de renvoi et l'acte d'accusation
qui déterminent les questions posées au jury
doivent être plus explicites. La plus grande précision est exigée dans le jugement.

Indivisibilité.

La complicité établit entre les coparticipants une indivisibilité absolue dans la procédure. Le droit romain admettait ce principe : *continentia causæ dividi non debet* (L. 54; L. 10, C. de judiciis). Cette règle a été consacrée à diverses reprises dans notre législation : Code pénal militaire, 30 septembre 1791, titre 1er, art. 5; Conseil militaire, 4 brum. an II, art. 15; loi du 22 messidor an IV, art. 2; loi du 24 mess. an IV; Code de brumaire an IV, art. 234; haute Cour (15 vendém. an IV). Écoutons Merlin exposer dans sa circulaire du 23 frimaire, le principe de l'indivisibilité :

« C'est quelque chose de plus fort qu'un prin-
» cipe, qui détermine l'indivisibilité de la pro-
» cédure, lorsqu'il s'agit d'un seul et même dé-
» lit; c'est la nécessité des choses, nécessité
» qui, indépendante des institutions humaines,
» briserait celles qui voudraient la mécon-
» naître et n'a pas besoin par conséquent d'être
» appuyée de leur trop fragile soutien. »

Le principe de l'indivisibilité a de graves conséquences pour la compétence des tribunaux; ainsi, lorsque deux juges sont saisis du même délit, il y a renvoi à l'un d'eux par voie de règlements de juger. (Art. 526. 527, 540,

Code d'instruction criminelle). S'il y a concours de deux juridictions ordinaires, c'est la plus élevée qui juge l'auteur principal et les complices (Cass., 3 pluv., 3 prair. an VIII, 29 brum, an XII, 7 octobre 1809, 14 nov. 1810). Bien que le mineur de seize ans ne puisse encourir qu'une peine correctionnelle, il sera jugé devant la Cour d'assises avec ses complices présents (Cod. p., art. 60). La compétence se détermine toujours par le fait punissable et non par le fait du complice. Ainsi, lorsqu'un vol est commis à l'étranger et que les objets volés sont recélés en France, c'est le tribunal étranger qui est seul compétent (Code Inst. Crim., art. 7 ; Cass., 17 octobre 1834). Différentes questions peuvent se présenter à cet égard. Supposons un crime commis en France, tandis que le fait du complice a eu lieu à l'étranger et par un étranger, le crime sera légitimement poursuivi en France, mais il n'en est pas de même du fait de complicité. L'art. 7 du Code d'instruction criminelle nous dit formellement que tous crimes commis à l'étranger contre un Français par un étranger échappe à la répression de la justice française ; que décider si le fait de complicité émane d'un Français, mais a été commis à l'étranger ? La partie lésée est-elle française, la loi française atteint le complice, mais il faut pour cela que les conditions de poursuites soient remplies, que le Français inculpé soit de retour et que le Français lésé porte plainte. La partie lésée est-elle étrangère? M. Ortolan pose le principe qui domine ces questions. « Les dispo- » sitions du Code d'instruction criminelle de » 1808 sont dominées par l'idée de la territoria- » lité de notre loi pénale. » Nous pensons donc que le fait de complicité en pareil cas ne peut être poursuivi.

L'art. 7 du Code d'instruction criminelle ne peut s'appliquer, puisque la victime n'est pas française, c'est une exception au principe de la territorialité de la loi pénale. Donc, si on n'est pas dans l'exception, on rentre dans la règle.

Que devient l'indivisibilité lorsqu'il s'agit de juridiction spéciale?

Point de difficulté, si les juridictions spéciales appartiennent à l'ordre judiciaire, telles que la haute Cour de justice; les complices com- paraîtront directement devant cette juridiction s'ils sont privés d'un degré de juridiction, cette perte est compensée par la solemnité du débat; de même, le complice d'un fonctionnaire de l'ordre judiciaire comparaîtrait devant le tri- bunal d'exception, qui est compétent pour l'auteur principal.

Qu'arrivera-t-il, si l'auteur est justiciable d'un tribunal d'exception? En théorie la ques- tion est fort controversée. Merlin a proposé la distinction suivante : le complice ne comparaît devant le tribunal d'exception que dans le cas où la compétence dudit tribunal est fondée sur la nature même du délit. Il en serait tout autrement, si sa compétence exceptionnelle n'était fondée que sur la qualité des prévenus. La théorie de Merlin a été soutenue par la Cour de cassation (Cass. 27 vendémiaire an x, 22 avril 1808, 4 août 1812, 4 juin 1813, 19 juin 1806, 2 janvier 1808, 22 décembre 1809, 12 octobre 1811).

Cette doctrine nous paraît reposer sur une distinction judicieuse ; la qualité personnelle de l'auteur principal ne peut enlever le complice à ses juges naturels ; cette grave dérogation ne peut résulter que du fait même, du corps du délit. Cependant toutes les lois érigeant des juridictions spéciales n'ont pas reproduit cette distinction. La Cour des pairs, compétente à raison de la qualité des prévenus, a toujours jugé les complices (15 février 1826, 20 septembre 1831, 20 juin 1847, 23 décembre 1841). M. Mauguin a justifié avec raison cette compétence exceptionnelle. « Toutes les fois « que la constitution a érigé un tribunal ex- « traordinaire, qu'elle l'a placé au nombre des « institutions politiques qu'elle établit, il est « clair qu'elle a entendu que ses pouvoirs pré- « valussent sur ceux de la juridiction ordinaire

« et qu'en cas de conflit ils l'emportassent sur
« les autres. »

D'un autre côté, les codes militaires et ma-
ritimes ont posé un principe contraire. La juridiction ordinaire est toujours préférable à la
juridiction spéciale, dès qu'un complice n'a
pas la qualité spéciale.

On ne peut donc, dans ce conflit de jurisprudence établir aucune règle positive, lorsqu'une
loi spéciale régit la matière ; toute difficulté
disparaît, il faut obéir à la loi ; s'il s'agit d'un
tribunal qui est considéré comme une institu-
tion politique, sa compétence domine toutes
les autres.

Dans tous les autres cas on peut avec avantage reproduire la distinction de Merlin, adoptée par la Cour de cassation. Telles sont les conséquences du principe de l'indivisibilité ; ce
principe ne peut être violé a peine de nullité ;
un tribunal ne pourrait disjoindre arbitrairement deux procédures indivisibles. Il ne pourrait non plus refuser la jonction de deux procédures séparées, à moins d'un obstacle de
fait.

CHAPITRE VI.

DU RECEL.

Section Ire, théorie. — Section II, recel des personnes et des choses. — Section III, circonstances aggravantes. — Section IV, questions spéciales.

SECTION Ire.

Théorie.

Il semble que nous ayons épuisé entièrement notre sujet de la complicité, mais le Code y rattache arbitrairement une question étrangère : le recel, qu'il nous faut étudier.

Y a-t-il le moindre rapport entre la complicité et le recel ?

M. Ortolan a caractérisé par une image pittoresque les relations qui unissent le recel au délit premier, qui seul a donné naissance à la complicité. Il analyse d'abord le drame du crime « de même que les drames de la scène, « le délit parcourt dans ses péripéties des phases « diverses et peut se diviser en plusieurs actes, « dont la donnée générale est celle-ci : premier

« acte, résolution arrêtée du délit; second acte,
« préparation; troisième acte, exécution jus-
« qu'au délit consommé. »

Il poursuit plus loin sa comparaison et
ajoute :

« Quelquefois il arrive dans les représenta-
« tions théâtrales, lorsque le drame est ter-
« miné, que le dénoûment s'est accompli, et
« que l'action des personnages qui y ont figuré
« a pris fin, que la toile une dernière fois se
« lève, et que dans un épilogue lié à cette action
« comme un tableau postérieur, qui nous en
« présente quelque suite ou quelque souvenir,
« de nouveaux personnages reparaissent. Le
« délit aussi après qu'il a été accompli et que
« l'action en a pris fin, peut avoir son épilo-
« gue. » De même que je jugerais mauvaise la
pièce qui ébaucherait ainsi à la fin du drame
une action toute nouvelle, de même je trouve
vicieuse la loi qui rattache au délit premier,
fût-ce à titre d'épilogue, un délit tout nouveau. La confusion du législateur est flagrante:
il confond entre elles la complicité et la
connexité. Le caractère distinctif de la complicité est de présenter à la fois unité de délit
et pluralité d'agents; dans la connexité, au
contraire, dit M. Ortolan, « il y a néces-
« sairement pluralité de délit avec unité ou
« pluralité d'agents. »

Le recel est un fait postérieur au délit de vol; il prend naissance, alors que le délit premier est entièrement consommé. Il ne peut donc être rattaché au vol que par un lien de connexité; l'idée de complicité lui est étrangère.

Les raisons en sont bien simples: être complice d'un crime, c'est participer à l'exécution d'un fait déjà consommé. Le receleur n'est donc pas un complice par cette raison bien simple, qu'on ne fait pas ce qui a déjà été fait.

« Un homme, dit Rossi, un homme puni
« comme complice de meurtre parce que dans
« sa cupidité il profite d'un crime qu'il n'est
« plus en son pouvoir d'empêcher ni de défaire!
« La fiction est forte, surtout lorsqu'on veut
« s'en servir pour envoyer un homme à l'écha-
« faud. »

Le but du criminel est aussi le but du complice. L'assassin veut la mort de sa victime, son complice en participant à l'exécution de ce crime a la même intention; au contraire, le but du voleur est de voler, tandis que le but du receleur est de soustraire le voleur à l'action de la justice. Ces deux buts diffèrent donc essentiellement: on ne peut être complice d'un homme, quand on ne poursuit pas le même but. On a essayé de défendre la loi, on n'a rien répondu à ces arguments tirés de l'analyse même des faits, mais on a cherché des raisons tirées de considérations morales. On dit: cacher l'objet volé, c'est ratifier le vol et on cite le droit romain : *In maleficio ratihabitio mandato æquiparatur.*

Il y a là un contresens et une confusion : un contresens, car on traduit *maleficium* par délit, quand ce mot signifie le plus souvent un dommage quelconque contraire au droit; une confusion enfin entre le dommage privé et le dommage social.

Voler une somme à Primus, c'est diminuer son patrimoine de cette somme, voilà le dommage privé que le voleur répare en rapportant au patrimoine ce qu'il a enlevé. Si le recéleur reçoit cette somme volée, il ratifie par là la privation qu'éprouve Primus; le recéleur, par sa détention, devient responsable du dommage privé et doit le réparer. Mais le vol n'a pas causé seulement un dommage à Primus; il lèse la société par le mauvais exemple. Voilà le dommage social que le voleur répare par l'exemple de la peine. Le recéleur peut-il s'approprier ce dommage social? Évidemment, non: quand même il n'approuverait pas, par son recel, le vol commis, le vol aurait toujours été exécuté, un exemple pernicieux aurait toujours été donné, son approbation ne change donc rien à la situation, et ne cause ni n'aggrave le dommage social.

On ne peut donc ratifier que le dommage privé, c'est ce que dit le droit romain ; car *maleficium* signifie dommage et non délit.

On dit encore: sans recéleurs, il n'y aurait pas de voleurs ; le recel est si utile au vol qu'il en est pour ainsi dire la cause.

Nous avons déjà vu une objection analogue, à propos de la complicité ; on disait sans complicité, pas de crimes. La complicité facilite tellement le crime, qu'elle en est pour ainsi dire la cause.

Nous avons répondu que sans doute la complicité favorisait le crime, mais qu'elle ne lui était pas indispensable. Nous avons ajouté que le grand criminel ne voulait jamais de complice parce qu'il ne voulait jamais de confidents, et que si la complicité favorisait le crime, elle lui nuisait souvent par l'indiscrétion.

Notre réponse sera la même : le recel est utile et non nécessaire au vol. Le voleur expérimenté n'a que lui pour recéleur, et craint les confidents parce qu'il craint la trahison.

Le recel, d'ailleurs, ne peut jamais être la cause du vol, il ne peut en être que le moyen.

On ajoute aussi : si le recel ne donne pas naissance au crime, il en assure l'impunité, car il le dissimule. Nous avons déjà vu cette objection contre la complicité ; ici encore notre réponse sera la même.

Nous disons : ce résultat est incontestable, mais là n'est point la question, il s'agit de savoir si c'est là un délit de complicité. Je réponds en citant les art. 248 et 359, que le fait de dissimuler le délit aux recherches de la justice est un délit *sui generis* prévu par la loi et non un fait de complicité. Enfin on produit une dernière objection : le recéleur est intéressé, il vend sa complaisance, il participe ainsi aux produits du crime. Cette accusation est toujours insignifiante et quelquefois fausse. Qu'importe en effet qu'il participe au bénéfice ? Pour en faire un complice, il faudrait qu'il ait participé à l'exécution du crime, d'un fait consommé, ce qui est impossible. Il est faux enfin de dire que le recéleur est toujours intéressé. C'est méconnaître la nature humaine, c'est oublier que l'être le plus coupable peut inspirer de saintes affections. Quoi ! un fils a succombé peut-être à la faim, il a volé, il est poursuivi, il court éperdu chez sa mère lui avouer le crime et le danger qu'il court, la presser de faire disparaître le produit du vol. Eh bien ! il faut pour complaire au législateur que cette mère repousse son fils et le livre à la justice.

N'est-ce pas une raillerie amère que d'invoquer les droits de la société pour exiger un sacrifice aussi monstrueux? Cette mère sera donc une voleuse? la logique veut plus encore, car si le fils a commis un assassinat pour exécuter son vol, la mère doit être frappée comme complice d'un assassin, c'est le conseil d'État qui l'a déclaré (10 juin 1813). D'après l'objection que nous réfutons, il faudrait ajouter que cette mère est non seulement voleuse, non seulement complice d'assassinat, mais encore qu'elle est intéressée.

Voilà les conséquences de l'assimilation des recéleurs aux complices ! Ajoutons une dernière singularité : si la mère cache le produit du vol de son fils, nous avons vu qu'elle peut être condamnée comme complice d'un assassinat. Eh bien ! si elle cache son fils lui-même, elle ne subit aucune pénalité et jouit du bénéfice d'excuse de l'art. 248. Je ne sais si je me trompe, mais il me semble qu'il suffit d'exposer ces faits sans les commenter. Montesquieu avait déjà fait justice de cette législation ; rappelons en terminant ses paroles : « Les lois « grecques et romaines punissaient le recéleur « du vol comme le voleur, la loi française fait « de même. Celles-là étaient raisonnables, « celle-ci ne l'est pas. Chez les Grecs et les « Romains le voleur était condamné à une « peine pécuniaire, il fallait punir le recéleur « de la même peine ; car tout homme qui con-

« tribue de quelque façon que ce soit à un
« dommage est tenu de le réparer. Mais, parmi
« nous, la peine du vol étant capitale, on n'a
« pu sans outrer les choses punir le recéleur
« comme le voleur. Celui qui reçoit le vol
« peut, en mille occasions, le recevoir inno-
« cemment : celui qui vole est toujours cou-
« pable; l'un empêche la conviction d'un crime
« déjà commis, l'autre commet ce crime : tout
« est passif dans l'un, il y a une action dans
« l'autre. Il faut que le voleur surmonte plus
« d'obstacles et que son âme se raidisse plus
« longtemps contre les lois. Les jurisconsultes
« ont été plus loin; ils ont regardé le recéleur
« comme plus odieux que le voleur, car sans
« eux, disent-ils, le vol ne pourrait être caché
« longtemps. Cela, encore une fois, pourrait
« être bon quand la peine était pécuniaire :
« il s'agissait d'un dommage et le recéleur
« était ordinairement plus en état de le répa-
« rer; mais la peine devenue capitale, il au-
« rait fallu se régler d'autres principes. »

SECTION II.

Recel des personnes et recel des choses.

Recel des personnes. — Art. 61. « Ceux qui
« connaissant la conduite criminelle des mal-

« faiteurs exerçant des brigandages ou des
« violences contre la sûreté de l'État, la paix
« publique, les personnes ou les propriétés,
« leur fournissent habituellement logement,
« lieu de retraite ou de réunion, seront punis
« comme leurs complices. »

Il existe dans notre législation trois espèces
de recel des personnes:

1° Recel du coupable (art. 248) ou du cadavre de la victime (359);

2° Retraite donnée aux bandes de malfaiteurs (art. 268);

3° L'asile habituellement donné aux malfaiteurs. C'est l'hypothèse prévue par l'art. 61.

La loi exige trois conditions indispensables
pour ce recel :

1° Le fait d'avoir prêté un logement, lieu de
retraite ou de réunion;

2° Connaissance de la conduite criminelle
des malfaiteurs;

3° L'habitude.

Le jury doit formellement constater la réunion de ces conditions. Il suffit pour se convaincre que tel est bien le sens véritable de
l'art. 61, de se reporter aux observations
présentées au Corps législatif par M. Riboud.
« On ne peut, dit-il en parlant des malfaiteurs,
« les *recevoir habituellement* sans *connaître* leurs
« projets et leur conduite sans y participer. »

On peut ajouter une quatrième condition selon la remarque judicieuse de M. Ortolan (1308). La disposition de l'article n'en doit être appliquée raisonnablement qu'aux crimes ou aux délits que le logement avait pour but général de favoriser. « Ainsi si deux malfaiteurs se « querellent, que l'un tue l'autre, le logeur « n'est pas responsable. »

M. Carnot a soulevé une difficulté sur le sens du mot malfaiteur ; selon lui, l'art. 61 ne vise que les malfaiteurs qui sont brigands par profession, et ne peut s'appliquer au rassemblement fortuit de malfaiteurs pour commettre un crime isolé. M. Carnot argumente du mot habituellement de l'art. 61. Le mot habituellement se rapporte à ceux qui cachent et non pas à ceux qui sont cachés dans le sens évident du texte de l'art. 61.

Il y a d'abord un argument qui me semble repousser victorieusement cette interprétation.

M. Carnot a oublié l'art. 268, car si notre art. 61 traite des bandes de malfaiteurs, il fait évidemment double emploi avec l'art. 268.

Nous lisons d'ailleurs dans l'exposé des motifs de M. Riboud, ces mots bien significatifs : « Si les malfaiteurs épars ne trouvaient pas un « repaire où ils se rassemblent et se cachent. » Il n'est donc pas question de malfaiteurs organisés vivant habituellement et par métier d

brigandages, mais de gens épars qui se rassemblent pour un crime isolé.

La loi dit que les recéleurs seront punis
comme leurs complices, mais à quels crimes
s'étend cette complicité? La responsabilité du
recéleur s'étend évidemment aux actes commis
pendant la durée du recel; elle ne peut s'é-
tendre, pensons-nous, aux actes antérieurs ou
postérieurs. La question des circonstances aggravantes est tranchée d'un mot par la loi.
L'article les qualifie de recéleur et de complice,
« Ceux qui connaissant la conduite criminelle
« des malfaiteurs, etc., » fournissent une retraite. Cette connaissance de la conduite criminelle suffit, la loi n'exige donc pas la connaissance de chaque crime.

Les critiques que nous avons adressées à
l'assimilation du recéleur et du complice peuvent rencontrer ici une objection sérieuse.

Le recel deviendrait un fait de complicité, si
on avait fait promesse à l'avance de fournir retraite, après la perpétration du crime. Le recéleur en pareil cas a pu ainsi faciliter le crime
et y participer.

La responsabilité doit s'étendre aux actes
antérieurs au recel.

Recel des choses. Art. 62. — « Ceux qui
« sciemment auront recélé, en tout ou en par-
« tie, des choses enlevées, détournées ou obte-

« nues, à l'aide d'un crime ou d'un délit, se-
« ront aussi punis comme complices de ce crime
« ou de délit. »

Le Code pénal de 1791 était plus restreint
que le Code de 1810, il ne prévoyait que le
recel d'objets provenant d'un vol.

L'art. 62, au contraire, distingue les choses
enlevées (soustaction par violence ou par fraude),
détournées (l'abus de confiance), *obtenues* (es-
croquerie, fraude).

Faut-il que le recéleur ait participé aux bénéfices ?

Il suffit, croyons-nous, que le recel ait été fait
sciemment.

L'art. 380 nous paraît fournir un argument
décisif, en ce sens, car il place sur la même
ligne le fait d'avoir recélé et le fait d'avoir appliqué à son profit tout ou partie des objets
volés.

Le juge ne peut se borner à déclarer l'accusé coupable de recel ; il doit dire qu'il a agi
sciemment (Cass., 14 septembre 1832). La connaissance doit-elle précéder le moment où la
chose a été reçue? c'est l'avis de MM. Carnot,
Chauveau et Hélie ; ils argumentent de l'art. 63
que nous allons étudier et qui exige la connaissance *au temps du recel*, il n'est que le co-
rollaire de l'art. 62.

Nous renvoyons cette discussion plus loin,

aux questions spéciales, dans l'examen de ce problème : Le dépositaire qui apprend l'origine frauduleuse du dépôt et qui le garde est-il un recéleur ?

SECTION III.

Circonstances aggravantes.

L'art. 63. « Néanmoins, la peine de mort,
« lorsqu'elle sera applicable aux auteurs des
« crimes, sera remplacée, à l'égard des recé-
« leurs, par celle des travaux forcés à perpé-
« tuité. Dans tous les cas, les peines des tra-
« vaux forcés à perpétuité ou de la déporta-
« tion, lorsqu'il y aura lieu, ne pourront être
« prononcées contre les recéleurs qu'autant
« qu'ils seront convaincus d'avoir eu au temps
« du recel connaissance des circonstances
« auxquelles la loi attache les peines de mort,
« des travaux forcés à perpétuité, de la dépor-
« tation ; sinon ils ne subiront que la peine des
« travaux forcés à temps. »

Nous avons cru devoir adresser diverses critiques à la loi, nous aurions pu nous borner à citer cet art. 63. Rien d'aussi incohérent, d'aussi contradictoire ! l'art. 63 a été fait en deux fois ; le second alinéa date de 1810, le premier alinéa a été ajouté en 1832.

Étudions séparément chaque alinéa.

Sous le Code de 1810, l'art. 63 était ainsi conçu : « Néanmoins, à l'égard des recéleurs « désignés dans l'article précédent, la peine « de mort, des travaux forcés à perpétuité ou « de déportation, lorsqu'il y a lieu, ne leur « sera appliquée qu'autant qu'ils seront con- « vaincus d'avoir eu au temps du recel con- « naissance des circonstances auxquelles la loi « attache les peines de ces trois genres; sinon « ils ne subiront que les peines des travaux « forcés à temps. »

Remarquons que le second alinéa ne s'applique pas au recel des malfaiteurs, mais seulement au recel des objets volés. Les mots : *dans l'article précédent,* en sont la preuve péremptoire. Ce second alinéa est formulé sous la forme d'un adoucissement apporté à la rigueur des principes de l'art. 59. Voyons en quoi consiste l'adoucissement. Le recéleur n'est responsable des circonstances aggravantes que s'il les a connues au temps du recel. De sorte que le recéleur d'effets volés sachant au temps du recel que le vol a été commis avec meurtre, doit monter sur l'échafaud ; telle fut la décision de la Cour de cassation et du conseil d'État. Les Cours d'assises résistèrent et trouvèrent que cet adoucissement laissait subsister une rigueur draconienne.

La loi du 28 avril 1832 vint déclarer que la peine de mort ne serait jamais applicable au recéleur, et donner à l'art. 63 de forme définitive, telle est l'histoire de notre article.

On ne peut lire les deux alinéas de l'art. 63 sans être vraiment étonné ; il est impossible de voir une contradiction plus flagrante, il est étonnant que cette contradiction ait échappé au législateur, mais il est plus étonnant encore de voir le législateur s'apercevoir de cette contradiction et la justifier.

M. Faure a tenté cette entreprise dans l'exposé des motifs :

« Quand le vol ne donne lieu qu'à des peines
» temporaires, il faut, quelque rigoureuses
» qu'elles soient, que le recéleur subisse la
» même peine : il s'est soumis à ces risques dès
» qu'il a bien voulu recevoir une chose qu'il
» savait provenir d'un vol, mais quand le crime
» est accompagné de circonstances si graves,
» qu'elles entraînent une peine perpétuelle, on
» peut croire que si au temps du recel ces cir-
» constances eussent été connues du recéleur,
» il eût mieux aimé ne pas recevoir les objets
» volés que de s'en charger avec un si grand
» risque. Il convient donc, en pareil cas, pour
» condamner le recéleur à la même peine que
» l'auteur du crime, qu'il y ait certitude qu'en

» recevant la chose, il connaissait toute la gra-
» vité du crime dont elle était le fruit. »

Il me semble que je puis retourner ce raisonnement et dire avec assez de raison : si le recéleur eût connu au temps du recelé, la peine
de vingt ans de travaux forcés, il n'eût pas eu
cette insouciance que lui attribue gratuite-
ment l'orateur et il eût préféré ne pas recevoir
l'objet volé.

Ainsi la loi a deux poids et deux mesures. Il
s'agit de savoir si le recéleur sera ou non complice des circonstances aggravantes qu'il n'a
pas connues. Le législateur répond : oui, s'il
s'agit de peines temporaires ; non, s'il s'agit de
peines perpétuelles. Il nous semble que cette
distinction est purement arbitraire et ne repose
sur aucun principe : il nous semble que la participation du recéleur se mesure sur l'intention
et sur les faits, et non sur la gravité de la peine.
Plus on réfléchit à cette distinction, plus on est
frappé de ses bizarres conséquences.

Deux vols ont été commis la nuit sur une
une grande route : l'un, à main armée, l'autre,
sans armes ; tous les deux déposent chez le
même recéleur les produits de leurs vols. Eh
bien ! le recéleur est censé ignorer que le premier vol a été commis la nuit, à main armée,
parce qu'il subirait une peine perpétuelle ;
mais il ne peut ignorer que le second a été

commis la nuit, sans armes, parce qu'il ne subira qu'une peine temporaire.

Pourquoi le recéleur ignore-t-il le premier
vol et connaît-il le second? C'est une fiction que
je ne puis comprendre. Il faut l'avouer, l'ima-
gination du législateur s'est donné libre carrière. Dira-t-on que le législateur s'inspire de
sentiments d'humanité et qu'il se sent plus de
pitié en présence d'une peine plus grande?
C'est oublier que la grandeur de la peine se
mesure à la grandeur de la faute. Singulière
pitié que d'être d'autant plus indulgent qu'on
est plus coupable!

Il est curieux à tous égards de comparer le
premier et le second alinéa de l'art. 63. Il y a
bien contradiction, nous l'avons vu; mais, sous
un autre rapport, le premier alinéa confirme
le second, car dans cet alinéa nous voyons la
rigueur fléchir devant les peines les plus sé-
vères. Or, le premier alinéa est une confirma-
tion de ce principe, puisqu'il prononce un
adoucissement pour la peine de mort; on le
voit, l'incohérence de cet article est complète.
C'est l'inconvénient de tous les replâtrages.
Nous critiquons la loi, mais nous ne pouvons
qu'applaudir au sentiment d'humanité qui a
motivé dans la révision de 1832, l'adjonction
du premier alinéa. Toutefois nous ne devons
pas nous borner à donner des éloges aux adou-

cissements apportés à la rigueur de l'assimilation du recéleur et du complice. Il y a là un enseignement qu'il ne faut pas perdre; si la réforme de 1832 a adouci la loi, c'est évidemment qu'elle avait paru trop sévère dans la pratique. Cette réforme est donc une condamnation de l'assimilation posée dans l'art. 59. Notons cet aveu des défectuosités de la loi, et concluons à l'achèvement d'une réforme ébauchée; nous l'avons vu, les demi-mesures restent toujours infructueuses.

Il nous reste quelques observations à faire sur la fiction qui répute le recel, acte de complicité du vol. L'association imprime aux délits un caractère plus grave. Cependant, le recéleur n'est pas rigoureusement considéré comme coauteur. Ainsi deux individus, prévenus, l'un d'avoir commis un vol nocturne, l'autre d'avoir recélé, ne sont punis que de la peine du vol simple (cass., 11 septembre 1828).

Le recel ne peut postérieurement changer le caractère du vol. Le domestique qui recèle les objets volés à son maître par un tiers n'est puni que de la peine du vol simple (cassation, 16 avril 1816). Le recel n'est pas un fait indivisible; on peut être acquitté pour recel et poursuivi pour recel postérieur du même vol (cass., 29 décembre 1814).

SECTION IV.

Questions spéciales.

I. La femme qui recèle un objet volé par son mari est-elle complice?

Je n'hésite pas à adopter l'affirmative. MM. Legraverend et Bourguignon soutiennent que la femme ne fait que remplir un devoir de piété conjugale.

Puisqu'on a déclaré, en certains cas, complice d'assassinat la mère qui recèle le produit du vol de son fils, je ne vois pas que la femme soit plus intéressante que la mère. Sans doute, la femme peut se dévouer après le crime de son mari, et se faire recéleuse par dévouement; je le répète, si, en pareil cas, on condamne la mère, il faut condamner la femme. D'ailleurs, le mobile de la femme peut être très-immoral : la femme peut avoir connu à l'avance les projets de son mari et avoir joué le rôle d'une véritable complice. Qui voudrait, en pareil cas, lui accorder l'impunité? (Cass., 15 mars 1821 ; 14 octobre 1826). Je reconnais que la cohabitation de la femme et du mari rendra difficile la preuve du recel, car il ne suffira pas de trouver chez elle l'objet volé; mais si la preuve est difficile, elle n'est pas impossible. MM. Legraverend et Bourguignon s'appuient sur un argument de texte, qu'il est aisé de retourner contre eux. Ils argumentent par analogie de l'art. 248. Je réponds avec plus de raison, je crois : que l'art. 63 rejette les exceptions de l'art. 248, qu'il n'a pas reproduites.

II. Le dépositaire qui apprend que le dépôt est le fruit d'un vol et qui continue à le garder, est-il un recéleur?

Je n'hésite pas à voir en lui un véritable recéleur. Il faut deux conditions pour constituer un recel : 1° la possession de l'objet volé ; 2° la connaissance de sa provenance. Ces deux conditions sont évidemment remplies dans l'espèce. Le dépositaire possède un objet volé, et quand il connaît la provenance du dépôt, il continue à le garder. Quelle raison de douter peut-il y avoir? M. Carnot allègue « qu'il y a « moins de perversité à garder l'objet volé « qu'on a reçu innocemment, qu'à le recevoir « en connaissant la provenance. » Cela est incontestable, mais là n'est point la question. La loi ne se préoccupe pas des excuses, puisqu'elle a vu une recéleuse dans la mère qui veut sauver son fils. Cette considération morale ne peut faire changer les principes du recel. Le dépositaire, en pareil cas, réunit la double condition du recel, la possession et la connaissance. Que l'on compare ce cas de recel avec un recel ordinaire, on y trouve qu'une différence : entre le vol et le recel, il y a eu un dépôt. Cette circonstance me paraît insignifiante. Du moment que l'art. 62 admet qu'on peut participer postérieurement à un crime consommé, qu'importe la date un peu plus ou moins postérieure, du recel.

III. Le recéleur qui vole l'objet volé est-il un voleur ou un recéleur?

Cette question s'est présentée dans les circonstances suivantes. La Cour d'assises de la Loire-Inférieure avait condamné le nommé William pour vol qualifié. Ce dernier révéla plus tard aux sieurs Duvigneau et Émériau le lieu où l'argent volé était caché, mais ces recéleurs s'approprièrent toute la somme, et ne donnèrent rien à William. La chambre du conseil du tribunal de Nantes n'avait vu dans ces faits qu'un vol simple; la Cour de cassation décida avec raison (7 février 1834), que c'était là un véritable recel. Je trouve encore ici toutes les conditions requises pour le recel, et la circonstance que le recéleur s'approprie le produit du vol, me paraît sans influence sur le fait du recel. Le vol est la soustraction frauduleuse du bien d'autrui; or, dans l'espèce, ce n'est pas le recéleur qui a volé le véritable propriétaire; il vole le voleur qui n'est pas propriétaire. Le fait de s'approprier tout le produit du vol et le fait de se faire concéder une partie du butin, sont analogues; dans les deux cas, le recéleur reste recéleur.

MM. Chauveau et Hélie ne voient pourtant dans l'espèce qu'un vol. On peut encore leur répondre que cette distiction est sans aucun intérêt pratique. Comme le recéleur, en sa qualité de complice, subit la même peine que l'auteur principal, voleur ou recéleur, il subira toujours la même peine.

IV. L'acquéreur avec connaissance d'un objet volé est-il un voleur?

Il y aurait peut-être une distinction à faire entre l'acquéreur par profession des objet volés et l'acquéreur accidentel. Evidemment, l'un est plus coupable, et surtout plus dangereux que l'autre. Le premier facilite évidemment le vol en donnant la certitude au voleur de pouvoir se débarrasser du produit compromettant du vol. Il réalise ainsi des bénéfices aussi grands qu'immoraux, il spécule sur le crime. C'est évidemment un recéleur. L'autre est moins dangereux et moins coupable. Qu'on se place dans l'hypothèse d'une insurrection, d'un sinistre, du sac de châteaux princiers, une conscience mal éclairée n'hésitera pas à acquérir, par curiosité, peut-être, un objet volé, tandis qu'elle répudierait la complicité du crime lui-même. Cet acheteur me paraît moins coupable

que le premier. On peut hésiter à voir en lui
un recéleur. Je pencherais pourtant pour l'affirmative par les considérations suivantes. J'ai
cité des exemples où la conscience répugne à
faire de l'acquéreur un recéleur, mais ces
exemples sont rares ; dans la vie ordinaire,
acquérir sciemment un objet volé est toujours
sinon une spéculation criminelle, du moins une
faiblesse coupable. Le législateur doit fortifier
la conscience publique contre de lâches et dangereuses complaisances. J'adopterais donc l'avis
de la Cour de cassation qui a consacré l'affirmative par deux arrêts du 26 octobre 1809 et
du 1er septembre 1827.

V. Recel en matière de banqueroute frauduleuse.

L'art. 597 du Code de commerce était ainsi
conçu :

Ancien article 597 : « Seront déclarés com-
« plices des banqueroutiers frauduleux, et se-
« ront condamnés aux mêmes peines que l'ac-
« cusé, les individus qui seront convaincus de
« s'être entendus avec le banqueroutier pour
« recéler ou soustraire tout ou partie de ses
« biens meubles ou immeubles, d'avoir acquis
« sur lui des créances fausses, et qui, à la vé-
« rification et affirmation de leurs créances au-
« ront persévéré à les faire valoir comme sin-
« cères et véritables. »

La loi du 28 mai 1838 a modifié cet article qui est devenu l'article 593 du Code de commerce ainsi conçu :

Art. 593. « Seront condamnés aux peines de « la banqueroute frauduleuse : 1° Les individus « convaincus d'avoir, dans l'intérêt du failli, « soustrait, recélé ou dissimulé tout ou partie « de ses biens, meubles ou immeubles, le tout « sans préjudice des autres cas prévus par l'ar- « ticle 60 du Code pénal ; 2° les individus con- « vaincus d'avoir frauduleusement présenté « dans la faillite et affirmé, soit en leur nom, soit « par interposition de personnes des créances « supposées ; 3° les individus qui, faisant le « commerce sous le nom d'autrui ou sous un « nom supposé, se seront rendus coupables de « faits prévus par l'art. 591. »

Sous l'empire de la première législation, on jugeait que le recélé devait être le résultat d'un concert frauduleux entre l'auteur du fait et son complice, et il ne suffisait pas que le recé- leur connût l'origine des objet (Cass., 22 janvier 1838, 17 mars 1831). Le Code de commerce dé- rogeait donc aux règles de l'art. 62. La nou- velle rédaction de l'article fait disparaître les mots « complices » et « convaincus de s'être » entendus. » Quel est la porté de cet article ? Le recel reste-t-il un cas de complicité spéciale à certains égards ou bien constitue-t-il un crime principal et spécial? C'est toujours, croyons-nous, une complicité. Nous argumentons de la dernière phrase de l'art. 593 du Code de commerce 1° « Sans préjudice des autres cas prévus par l'art. 60 du Code pénal. » Il y a deux complicités possibles en matière de banqueroute frauduleuse. Il peut se produire une complicité ordinaire conformément aux règles de l'art. 62. Il peut se produire une complicité spéciale, qui consiste dans le recel de tout ou partie de l'actif indépendamment de tout concert frauduleux. C'est ce que prévoit l'article 593. Notons qu'une condition constitutive de la criminalité est que le recel a eu lieu dans l'intérêt du failli. Le jury doit donc le déclarer expressément, tandis que cette déclaration n'est pas nécessaire dans le premier cas (Cass. 18 mars 1852 ; 13 janvier 1854 ; 21 décembre 1854).

Ces dispositions peuvent-elles s'étendre au cas de banqueroute simple ? Je ne le pense pas. Remarquons d'abord que la loi, dans un titre spécial, s'occupe des crimes ou délits commis dans les faillites par d'autres que les faillis. Or, dans ce titre, elle rappelle la complicité de banqueroute frauduleuse, sans parler de la complicité de banqueroute simple.

VI. Recel en France d'objets volés à l'étranger.

Nous avons déjà dit que l'indivisibilité de la procédure ne permettait pas de poursuivre le recéleur en France, mais le renvoyait devant le tribunal étranger. C'est la décision de la Cour de cassation, si le vol est commis, à l'étranger, au préjudice d'un étranger (Cass., 17 octobre 1834). Cette doctrine nous paraît incontestable, et on ne peut s'expliquer un arrêt de la chambre d'accusation de la Cour de Lyon (25 août 1834) qui voit dans le recel un crime distinct et indépendant du crime principal. Si la partie lésée est française, il faut qu'elle ait porté plainte, que le Français inculpé soit de retour, pour que la poursuite de l'auteur principal, et par suite du recéleur, soit possible ; autrement le recéleur ne peut être poursuivi.

Il nous resterait peut-être à étudier quelques complicités spéciales, mais elles n'ont que des rapports indirects avec nos art. 59 et 60 du Code pénal, et elles ne nous ont pas paru de nature à nous éclairer davantage sur les conséquences du principe d'assimilation posé par le Code pénal en matière de complicité ; nous arrêtons donc là cette étude, qui doit rester une étude de principes. Nous n'avons rien à ajouter ; disons toutefois que nous avons à demander l'indulgence, non-seulement pour cette étude en elle-même, mais encore pour la vivacité de certaines attaques que nous nous sommes permises contre la théorie du Code pénal. Nous trompons-nous ? Mais il nous semble que si définitivement la conviction s'est faite en nous, ce qu'il y a d'effrayant, ce n'est point la solution nouvelle, quelque hardie qu'elle soit, que dicte cette conviction, car ce n'est pas ce qu'on croit être la vérité, c'est plutôt ce qu'on sait désormais être l'erreur, qui peut à juste titre effrayer.

POSITIONS.

DROIT ROMAIN.

I. Lorsque par un *damnum injuria datum* le débiteur a violé une obligation résultant d'un contrat, l'exercice de l'action *rei persecutoria* n'exclut pas celui de l'action *legis Aquiliæ*, pour ce que celle-ci contient de plus (*nec obstant leges* (L. 36, § 2, *de hereditatis petitione :* loi 18, *ad leg. Aquil.* ; L. 47, § 1 ; 48, 49, 50, *pro socio* ; L. 43, *locati,* L. 7, § 1, *commodati*).

II. Dans l'hypothèse qui précède, l'*actio rei persecutoria* résultant du contrat et l'*actio legis Aquiliæ* s'excluent pour ce qu'elles ont de commun (*nec obstat* L. 41, § 1, *de oblig. et action.*).

III. Lorsqu'un seul et même fait indivisible contient la violation de plusieurs lois pénales,

trois opinions s'étaient produites dans la jurisprudence : l'une prohibant le cumul d'une
manière absolue (loi 53, princ., *de obligat. et
act.*); l'autre prohibant le cumul pour ce que les
actions diverses ont de commun, mais l'admet-
tant pour l'*amplius* (loi 34, *de oblig. et act.*); la troisième admettant le cumul intégralement (loi 6,
ad legem Jul. de adult.; loi 60, *de oblig. et act.*;
loi 130, *de regulis juris*). Cette dernière opinion avait triomphé (loi 32, *de oblig. et act.*),
elle a été législativement consacrée par Justinien (§ 1, Instit., *Si quadrupes*, § 8, *de oblig. ex
delicto;* loi 20, Code, *de furtis*).

IV. La troisième des opinions qui précèdent
était professée par Paul (*nec obstat* loi 2, § 1,
de tutela).

V. Les dettes de l'adrogé s'éteignent par la
minima capitis deminutio (*nec obstat lex* 45, *de
adoptionibus*).

VI. Suivant Papinien, lorsqu'un fils de famille
était mort, après avoir testé sur son *peculium
castrense*, les stipulations faites par un esclave
du pécule, pendant que l'héritier délibérait,
étaient frappées de nullité, si l'héritier ne faisait pas adition. Sur ce point, Papinien n'était
pas d'accord avec Ulpien (loi 33, *de adquir. rer.*

dom.), et on ne peut pas concilier ces deux jurisconsultes, en disant que Papinien admettait la validité de la stipulation en vertu de la *verecundia paterna* (*nec obstat* loi 14, *in fine, de castrensi peculio*).

DROIT FRANÇAIS.

CODE CIVIL.

I. Les tribunaux français n'ont jamais le droit de réviser au fond les jugements rendus par les tribunaux étrangers.

II. Lorsque le bail n'a pas de date certaine, le bailleur peut exercer son privilége pour l'année courante, pour une année à partir de l'année courante et pour toutes les années antérieures.

III. Le dernier acheteur qui veut enlever aux créanciers hypothécaires des précédents vendeurs le droit de s'inscrire, doit faire transcrire tous les contrats antérieurs.

IV. Si le tiers acquéreur doit adresser les notifications à fin de purge à un vendeur ou un copartageant, qui sont encore dans le délai de quarante-cinq jours à partir de la vente ou du partage, il est forcé d'attendre, pour purger, que les quarante-cinq jours soient expirés.

V. Les créanciers ayant un privilége ou une hypothèque sont colloqués pour deux années d'intérêts et l'année courante, au même rang que pour le capital.

VI. Les enfants naturels légalement reconnus peuvent être adoptés par leur père et mère.

VII. La mère n'a pas droit à l'usufruit légal, lorsque le père, par application de l'art. 335 du Code pénal, est déchu de ses droits sur la personne et les biens de ses enfants. La déchéance profite à ces derniers du vivant de leur père.

VIII. La prohibition de l'usufruit légal peut porter sur la réserve comme sur la quotité disponible.

IX. L'usufruit légal ne peut être ni cédé, ni hypothéqué, ni saisi par les créanciers.

DROIT PÉNAL.

I. Le coauteur comme le complice du suicide, doivent rester impunis.

II. Le dépositaire qui apprend que le dépôt
est un objet volé et qui continue à le garder
est un recéleur.

III. Le gendarme, dans l'exercice des fonctions de police judiciaire et administrative, ce
qui comprend la police des routes, est responsable comme complice ou coauteur de la criminalité de l'ordre donné par un supérieur
militaire et exécuté par lui.

DROIT DES GENS.

On ne perd pas sa qualité de Français, lorsqu'on s'engage à l'étranger, sans l'autorisation
du gouvernement français, dans un corps de
volontaires, indépendant de toute armée régu-
lière.

DROIT ADMINISTRATIF.

L'art. 17 de la loi du 3 mai 1841 n'est poin

abrogé par l'art. 6 de la loi du 23 mars 1855, et les créanciers hypothécaires peuvent toujours s'inscrire dans la quinzaine qui suit la transcription du jugement d'expropriation pour cause d'utilité publique.

Vu par le Président de la Thèse,
BUGNET.

Vu par le Doyen de la Faculté,
C. A. PELLAT.

Permis d'imprimer :
Le Vice-Recteur de l'Académie,
ARTAUD.

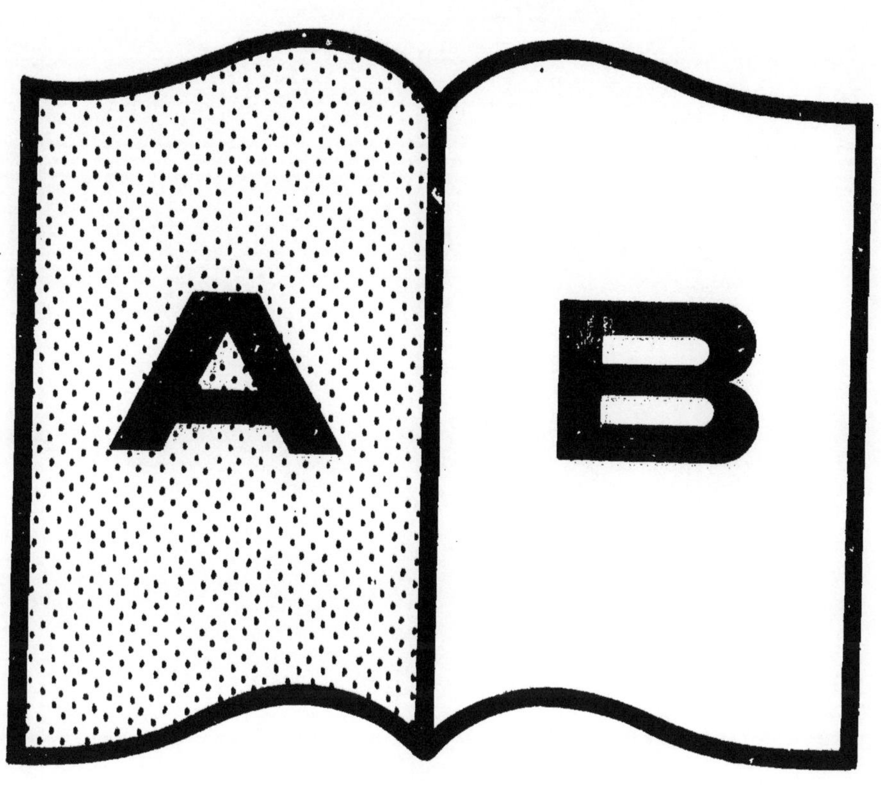

Contraste insuffisant

NF Z 43-120-14

www.ingramcontent.com/pod-product-compliance
Ingram Content Group UK Ltd.
Pitfield, Milton Keynes, MK11 3LW, UK
UKHW020151130726
13696UKWH00002B/453